KB188649

세계사를 바꾼
12가지 물질

歴史は化学が動かした
人類史を大きく変えた12の素材
齋藤 勝裕 著
明日香出版社 刊
2024

REKISHI HA KAGAKU GA UGOKASHITA
JINRUISHI WO OKIKU KAETA 12 NO SOZAI
by KATSUHIRO SAITO
Originally published in Japan in 2024 by ASUKA PUBLISHING INC., TOKYO.

세계사를 바꾼

12가지 물질

사이토 가쓰히로 지음 | 김정환 옮김

물질은 어떻게
문명을 확장하고
역사를 만들어 왔을까?

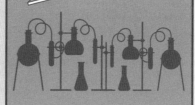

북라이프
booklife

일러두기

- 본문에 나오는 인명, 지명, 기업명, 원소와 화합물 등은 국립국어원 외래어표기법을 따랐습니다. 외래어 표기법에 규정되어 있지 않은 경우, 국내에서 통용되는 명칭으로 표기했습니다.
- 일본어의 한자 독음은 한국식 한자음을 따랐습니다(예: 고분 시대 → 고훈 시대).

세계사를 바꾼 12가지 물질

1판 1쇄 인쇄   2025년 3월 20일
1판 1쇄 발행   2025년 3월 27일

지은이 | 사이토 가쓰히로
옮긴이 | 김정환
발행인 | 홍영태
발행처 | 북라이프
등   록 | 제2011-000096호(2011년 3월 24일)
주   소 | 03991 서울시 마포구 월드컵북로6길 3 이노베이스빌딩 7층
전   화 | (02)338-9449
팩   스 | (02)338-6543
대표메일 | bb@businessbooks.co.kr
홈페이지 | http://www.businessbooks.co.kr
블로그 | http://blog.naver.com/booklife1
페이스북 | thebooklife
인스타그램 | booklife_kr
ISBN 979-11-91013-87-0   03900

인류의 역사는 물질(소재)과 나눈 장대한 대화의 기록이라고 해도 과언이 아니다. 그 시작은 인류를 어떻게 정의하느냐에 따라 달라진다. 유인원의 출현을 인류의 기점으로 삼는다면 약 500만 년 전, 현생 인류인 호모 사피엔스의 탄생을 기준으로 삼는다면 약 20만 년 전, 자신들의 문화를 가졌던 크로마뇽인의 등장을 지표로 삼는다면 약 4만 년 전이 된다.

이 기나긴 역사 속에서 인류는 주위에 있는 자연물을 교묘히 가공해 이용하는 기술을 발전시켜 왔다. 흙이나 돌, 식물, 금속 등의 물질을 사용해 도구와 옷을 만들고 불을 활용하여 생존 가능성을 높여 나갔다.

이런 물질들은 언뜻 보기에는 단순한 자연물에 불과하지만 사실은 전부 분자로 구성된 화학 물질이다. 인류가 불을 활용하게 된 것은 에너지를 다루는 기술을 익혔음을 의미하며, 이에 따라 물질을 가공하는 기술이 비약적으로 향상되었다. 예를 들어 흙을 고온으로 구워서 토기를 만드는 기술이나 광물을 녹여서 금속을 추출하는 기술은 인류의 생활을 크게 바꿔 놓았다. 또한 금속을 가공해 무기나 농기구를 만들고 식물에서 추출한 성분을 약으로 이용하는 등 화학에 관한 지식과 기술은 인류의 발전에 없어서는 안 될 요소였다.

이 책에서는 인류의 역사에 커다란 영향을 준 12가지 물질에 초점을 맞췄다. 이를테면 가장 오래된 도구인 석기는 사냥이나 농경 발전에 기여했고, 금속의 발견은 문명을 새로운 단계로 끌어올렸다. 또한 현대 사회를 뒷받침하고 있는 플라스틱과 반도체는 우리의 생활 양식을 근본부터 바꿔 났다. 다만 이런 물질들이 반드시 인류에게 긍정적인 변화만을 가져온 것은 아니다. 독극물은 때때로 권력 투쟁과 전쟁의 도구로 사용되었고, 화석 연료는 우리의 생활을 풍요롭게 만들었지만 지구 온난화라는 심각한 환경 문제를 일으켰다.

책을 읽으면 인류가 수많은 시행착오를 거치고 때로는 큰 희생을 치르면서 현대의 풍요를 획득해 온 과정을 체험할 수 있을 것이다. 그리고 동시에 현대의 우리가 안고 있는 여러 가지 문제를 되돌아볼 기회도 될 터이다.

참고로 이 책에서 소개하는 물질 중에는 엄밀히 말하면 '제품'이라고 불러야 할 것도 포함되어 있다. 이를테면 백신, 플라스틱, 원자핵 등이 그렇다. 그러나 이런 물질들이 오늘날 새로운 제품의 원료로 사용됨을 고려해 넓은 의미에서 '물질'로 다루기로 했다.

또한 각 물질에 대한 복잡하고 과학적인 설명은 최소한으로 줄이고 인류의 역사와 화학의 관련성에 중점을 뒀다. 덕분에 과학적인 배경지식이 없는 독자 여러분도 재미있게 읽을 수 있는 내용이라고 자부한다. 좀 더 상세한 과학적 해설을 원한다면 나의 다른 책을 참조하기를 바란다.

인류와 물질의 장대한 이야기를 통해 우리의 과거를 되돌아보고, 현재를 새로운 관점으로 바라보며, 미래로 나아갈 지침을 얻는 데 조금이나마 도움이 되길 바란다.

사이토 가쓰히로

차례

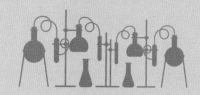

인류를 비롯한 모든 동물은 매일 먹이를 섭취해 에너지를 얻는다. 당연
한 말이지만 먹지 않고는 살아갈 수 없다. 여러 종류의 먹을거리 중 인류
가 에너지를 얻기에 가장 적합한 것을 '주식'이라고 부른다.

주식으로는 밀, 쌀, 옥수수, 감자 등이 있으며 이들의 주성분은 '전분'이
다. 인류가 오늘날까지 역사를 이어 올 수 있었던 것은 바로 전분 덕분이
라고 해도 과언이 아니다. 그래서 전분에 관한 이야기로 이 책을 시작하
려고 한다.

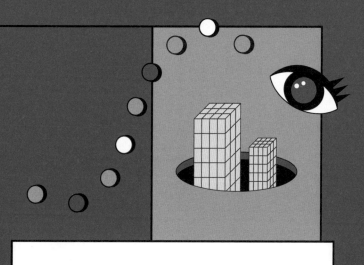

제1장

전분

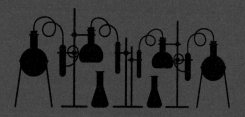

생명의 역사를 이어준 에너지

생명 활동을 뒷받침하는 에너지의 원천

인류는 원인猿人(원숭이와 인간의 중간)이었던 먼 옛날부터 오늘날까지 수백만 년이라는 시간 동안 쉬지 않고 활동을 해왔다.[1] 인류의 계속되는 활동을 뒷받침해 온 것이 음식이며, 특히 전분을 포함한 탄수화물이 중요한 역할을 했다. 전분은 인류의 번영을 약속한 중요한 물질이다.

우리는 잠자는 동안에도 뇌를 사용해서 꿈을 꾸고, 심장을 움직여

---

[1] 인류는 약 700만 년 전에 아프리카에서 다른 영장류로부터 분리되어 진화한 것으로 알려져 있다. 가장 오래된 인류의 화석은 2001년에 아프리카 중앙부에 위치한 국가인 차드에서 발견된 두개골로, 600~700만 년 전의 것으로 추정된다. 당시 인류의 뇌 크기는 현대의 성인과 비교했을 때 3분의 1 이하로 침팬지와 비슷한 수준이었다.

서 몸속 구석구석까지 혈액을 보내며, 폐를 움직여서 숨을 쉰다. 이렇게 장기를 움직이려면 에너지가 필요한데 그 에너지를 만드는 연료가 바로 음식이다. 동물과 식물은 물론이고 눈에 보이지 않는 아주 작은 미생물조차도 살아가기 위해서는 에너지가 필요하며 그 에너지를 전부 먹이에서 얻는다.

밥 한 공기에 숨겨진 힘

음식에서 얻은 에너지는 몸속에서 화학 반응을 통해 이용 가능한 형태로 변환된다. 여기에서는 그 메커니즘을 소개하겠다.

밥이나 빵 등의 탄수화물에는 전분이 포함되어 있다. 몸속으로 들어온 전분은 소화 효소에 의해 더 작은 단위인 포도당(글루코스)으로 분해된다. 포도당은 세포 속에 있는 미토콘드리아라는 작은 공장에서 산소와 결합해 아데노신삼인산adenosine triphosphate, ATP이라는 에너지 화폐를 만든다. ATP는 세포 활동에 필요한 에너지를 저장하고 공급하는 중요한 물질이다. 근육의 움직임, 뇌의 활동, 심장 박동 등을 뒷받침하는 것도 ATP의 에너지다.

정리하면 음식물 속 전분은 소화 효소를 통해 포도당으로 분해되며, 포도당은 다시 에너지로 이용하기 좋은 형태인 ATP로 바뀌어 우리 몸의 다양한 생명 활동을 뒷받침한다.

우리 몸을 지키는 에너지 싸움

포도당과 산소의 반응은 열을 발생시키는 '발열 반응'의 일종이다.

발열 반응은 난방 기구가 방을 따뜻하게 덥히는 것과 마찬가지로 체온을 유지하는 데 도움을 준다.[2] 반면에 아이스크림이 녹을 때처럼 열을 흡수하는 반응도 있다. 이를 '흡열 반응'이라고 부르며 체온이 너무 높아지지 않도록 막는 작용을 한다.[3] 우리 몸은 발열 반응과 흡열 반응의 균형을 맞춰 건강을 유지한다.

이처럼 전분(탄수화물)이 화학 반응을 통해서 분해될 때 생성되는 화학 에너지도 우리 몸의 활동을 돕는다.

태양 에너지의 저장과 생명의 경쟁

그렇다면 우리 몸을 움직이는 에너지원인 전분은 어떻게 만들어질까? 여기에는 식물의 놀라운 능력이 숨어 있다.

식물은 어떻게 에너지를 저장할까?

식물은 '광합성'이라는 과정을 통해 태양 에너지를 탄수화물 형태

---

2   발열 반응은 체온을 일정하게 유지하는 데 매우 중요한 역할을 한다. 우리 몸의 체온이 평상시에 36.5도 전후를 유지하는 이유는 몸속 효소가 36.5도 전후에서 가장 효율적으로 일하기 때문이다. 체온이 크게 변하면 효소가 정상적으로 기능하지 않게 되어 건강에 악영향을 끼칠 수 있다.

3   운동을 하면 몸속에서는 포도당을 이용한 발열 반응이 활발해져 열이 발생한다. 이때 땀을 흘려서 피부를 통해 열을 내보내는 흡열 반응이 일어나는데 땀이 증발하면서 열을 빼앗아 체온 상승을 막는다.

로 저장한다. 광합성은 식물이 태양 빛을 쬐면서 공기 속 이산화탄소와 물을 원료로 탄수화물을 만들어 내는 반응이다. 이 반응은 빛 에너지를 흡수해서 진행하기 때문에 흡열 반응으로 분류한다.

한편 탄수화물은 몸속의 소화 효소에 의해 분해되어 대사 과정을 거친다. 이 과정에서 탄수화물은 이산화탄소, 물, 에너지로 변환된다. 즉, 광합성의 반대 과정이라고 할 수 있다. 식물이 광합성을 통해서 저장한 에너지를 인간과 동물은 대사 과정을 통해 얻는 셈이다.[4]

태양이 만든 먹이 사슬

지구에는 늘 풍부한 양의 태양 에너지가 쏟아지고 있지만 동물은 태양 에너지를 직접 이용하지 못한다. 태양 에너지로 탄수화물을 만들 수 있는 생물은 엽록소를 가진 식물뿐이다. 식물이 만든 탄수화물을 토끼나 사슴 등 초식 동물이 먹고, 초식 동물을 사자나 늑대 같은 육식 동물이 잡아먹는 먹이 사슬을 통해 태양 에너지가 생태계 전체로 전달된다. 그러니까 탄수화물은 '태양 에너지 통조림' 같은 존재다.

생물들은 한정된 태양 에너지를 둘러싸고 치열한 경쟁을 벌인다. 식물은 빛을 조금이라도 더 받기 위해 높게 성장하려고 경쟁한다. 삼림에서는 키가 큰 수목이 빛을 독점하는 탓에 아래쪽 식물은 얼마 안

---

4   광합성과 대사는 거꾸로 진행되는 역반응 관계로 '광합성을 거꾸로 하면 대사가 되고, 대사를 거꾸로 하면 광합성이 된다'라고 생각할 수 있지만 실제로는 전혀 다른 효소와 메커니즘이 작용한다.

되는 빛을 받기 위해 필사적으로 적응한다. 동물 사이에서도 사자가 얼룩말을 쫓고 얼룩말이 필사적으로 도망치는 포식자와 피식자의 관계처럼 에너지를 둘러싼 경쟁을 발견할 수 있다.

인류 역시 끊임없이 태양 에너지를 둘러싸고 치열하게 경쟁해 왔다.[5] 수렵 채집 생활을 하던 인류는 농업 혁명을 통해 농경과 목축으로 옮겨갔다. 농업 혁명은 식량 생산을 안정시켜 인구의 증가와 문명의 발전을 불러왔지만 동시에 토지를 둘러싼 다툼과 빈부 격차도 낳았다. 18세기에 시작된 산업 혁명은 화석 연료로 축적된 태양 에너지를 활용해 공업화와 도시화를 이끌었다.[6] 그 결과 빈부 격차가 심화되고 갈등이 계속되고 있다. 이처럼 인류의 역사는 태양 에너지를 둘러싼 끝없는 다툼의 연속이라고 할 수 있다.

생명의 연료에 감춰진 독

탄수화물은 어떻게 요리하느냐에 따라 다양한 모습을 보여주는 변

---

5 태양 에너지를 둘러싼 싸움의 예로 고대 문명 간의 전쟁과 자원 경쟁을 들 수 있다. 고대 메소포타미아와 이집트에서는 비옥한 토지와 수자원을 둘러싼 다툼이 빈번하게 발생했다. 이들 문명은 태양 에너지를 효율적으로 이용하기 위한 농업 기술을 발전시켜 경쟁에서 유리한 위치를 점했다.

6 화석 연료는 태양 에너지가 고대 생물에 축적되고 긴 세월을 거쳐 탄화된 것이다. 산업 혁명을 통해 화석과 석유의 이용이 확대되고 화석 연료가 공업화의 원동력이 되었다. 이에 따라 기계화와 도시화가 진행되면서 인류의 생활 양식이 극적으로 변화했다.

화무쌍한 물질이다. 가열, 분쇄, 발효 등의 과정에 따라 전분의 호화糊化(젤 형태로 변하는 과정) 또는 단백질의 변성 등이 일어나서 맛과 식감이 완전히 변하기 때문이다. 특히 전분을 포함한 요리는 발효 과정에서 새로운 풍미나 영양소가 생기는 경우가 많다. 전 세계에서 빵, 된장, 간장 같은 발효 식품[7]을 쉽게 찾아볼 수 있다.

탄수화물의 다양한 모습

단백질, 지방과 함께 우리 몸에서 에너지를 만드는 3대 영양소 중 하나인 탄수화물은 당질과 식이섬유로 구성되어 있다. 당질은 몸속에서 에너지원으로 이용되는 데 비해 식이섬유는 소화되지 않은 채 몸 밖으로 배출된다. 당질 중에서 일반적으로 설탕, 과당, 젖당으로 부르는 것이 당류다.

당류는 폴리에틸렌이나 나일론 같은 고분자 화합물이다. 고분자 화합물은 긴 끈처럼 생긴 분자로, 작은 단위 분자 여러 개가 사슬처럼 길게 연결되어 있다. 이 작은 분자 하나하나를 '단당류'라고 부른다.

단당류는 가장 단순한 형태의 당으로서 더 이상 분해할 수 없는 당의 기본 단위다. 대표적인 단당류로는 포도당(글루코스), 과당(프럭토스), 갈락토스가 있으며 몸에 빠르게 흡수된다. 단당류 두 개가 붙으

---

7 빵의 발효는 효모가 밀가루에 들어 있는 당을 분해해 이산화탄소와 알코올을 발생시켜 일어난다. 이산화탄소는 빵 반죽을 부풀리며 알코올은 구울 때 증발한다. 된장이나 간장의 경우는 콩에 들어 있는 단백질이 유산균이나 누룩곰팡이(국균) 등의 미생물에 의해 분해되어 감칠맛 성분인 아미노산이 생성된다.

면 '이당류'가 된다. 설탕, 엿당, 젖당 등이 대표적인 이당류로 소화 과정을 통해 두 개의 단당류로 분해되어 몸에 흡수된다. 다수의 단당류가 달라붙으면 '다당류'가 되는데 전분과 셀룰로스가 해당된다.

대표적인 탄수화물은 다당류인 전분이다. 전분은 식물이 에너지를 축적하기 위해 만들어 내는데 감자, 옥수수, 쌀, 밀 등에 많이 들어 있다. 같은 다당류인 셀룰로스는 식물의 세포벽을 구성하는 성분으로 나무나 풀의 딱딱한 부분에 많이 들어 있다. 셀룰로스도 분해되면 포도당이 되지만 인간의 소화 효소로는 분해하지 못하기[8] 때문에 인간은 셀룰로스를 에너지원으로 이용할 수 없다. 대신 위에서 소화되지 않고 그대로 장으로 내려가 장의 건강을 돕는 식이섬유[9]로 활약한다.

밥이 차가워지면 딱딱해지는 이유는?

전분은 왜 다양한 식품으로 모습을 바꾸는 것일까? 그 이유는 전분의 구조 및 성질과 관계가 있다. 전분은 아밀로스와 아밀로펙틴 두 가지 성분으로 구성되는데, 두 성분의 비율에 따라 전분의 성질이 결정되기 때문이다.

아밀로스는 직선 분자 구조로 이루어져 있어 가열해도 그다지 부

---

8   소, 양, 말 등의 초식 동물은 셀룰로스를 분해할 수 있는 특별한 소화 효소를 가지고 있어 셀룰로스를 에너지원으로 이용한다.

9   식이섬유는 소화되지 않는 식물 유래 성분을 총칭하는 말로, 셀룰로스를 비롯해 다양한 물질을 가리킨다. 식이섬유는 소화기 계통의 건강 유지, 혈당 안정, 콜레스테롤 수치 감소, 체중 관리, 장 환경 개선 등 다양한 건강 효과를 가져다 준다.

드러워지지 않으며 식으면 딱딱해지는 성질이 있다. 아밀로펙틴은 가지 모양의 분자 구조로, 가열하면 쉽게 부드러워지고 식어도 잘 딱딱해지지 않는다. 이 성질의 차이가 다양한 식품의 특징에 영향을 미친다. 쌀을 예로 들어보자. 찹쌀은 대부분이 아밀로펙틴으로 이루어져 밥을 지으면 끈기가 있고 식혀도 잘 굳지 않는다. 그래서 떡을 만들 때는 찹쌀을 사용한다. 반면에 멥쌀은 아밀로스가 15~30퍼센트 들어 있어서 밥을 지으면 고들고들한 식감이 되며 식으면 쉽게 굳는다. 평소에 먹는 밥이나 초밥에는 멥쌀을 사용한다.

밀가루는 단백질 함량에 따라 종류가 구분된다. 박력분은 단백질 함량이 적어 글루텐 형성이 약해 식감이 가볍다. 그래서 케이크나 쿠키 등 입안에서 잘 녹는 과자류를 만드는 데 적합하다. 한편 강력분은 단백질 함량이 많아 글루텐 형성이 강하기 때문에 탄력 있고 식감이 쫄깃하여 빵이나 피자 등 씹는 맛이 있는 요리에 적합하다.[10]

또한 전분은 가열하면 물을 흡수하여 팽창한다. 이로 인해 전분이 부드러워지고 점성이 생기는데 이러한 성질을 호화(젤라틴화)라고 한다. 그리고 가열된 전분이 식으면 아밀로스가 다시 결정화되어 단단해진다. 이 현상 때문에 전분이 굳고 식감이 변한다.[11] 이처럼 전분의

---

10 빵을 만들 때는 발효도 중요한 역할을 한다. 발효를 통해 효모가 당을 분해하는 과정에서 이산화탄소가 생성돼 반죽을 부풀리고 부드러운 식감을 만든다. 인도의 난이나 일본의 전병처럼 발효시키지 않고 만드는 것도 있다.

11 감자튀김과 감자칩이 식으면 바삭해지는 것도 이 현상 덕분이다. 식은 밥이 딱딱해지는 것도 같은 이유다.

특성은 식품의 식감이나 조리에 큰 영향을 끼친다. 우리가 매일 먹는 다양한 요리는 전분의 특성을 교묘히 이용해 만든 결과물이다.

중세를 뒤흔든 탄수화물의 저주

탄수화물의 이런 성질 덕분에 우리는 다양한 요리를 맛볼 수 있지만 탄수화물 식품이 우리의 건강에 악영향을 끼치기도 한다.

역사 속에서도 탄수화물로 인해 건강을 해친 사례를 찾아볼 수 있다. 그중 유명한 것은 중세 유럽에서 유행했던 '성 안토니우스의 불'[12] 이라는 병이다. 이 기이한 병은 맥각균에 오염된 호밀로 만든 빵을 먹은 사람들에게서 발병했다. 맥각균이란 호밀의 볏과 식물에 기생하는 균류로 '맥각 알칼로이드'라고 부르는 독소를 생산한다.[13] 이 독소에는 혈관과 자궁 수축 작용을 일으키는 성분이 있어서 대량으로 섭취하면 손발이 마치 불타는 것 같은 통증이 나타나며 환각과 이상 행동을 보인다. 맥각균이 만드는 독소는 중세의 마녀사냥과도 관계가 있던 것으로 알려져 있다. 교회의 기록을 조사한 결과 '성 안토니우스의

---

12 성 안토니우스는 수도사 생활의 창시자로 알려진 기독교 성인으로 금욕 수행을 하면서 악마의 유혹을 이겨냈다고 한다. 성 안토니우스회 수도사들이 이 병을 잘 치료했던 까닭에 성 안토니우스의 신앙과 치료의 힘 덕분이라고 여겨져 '성 안토니우스의 불'이라고 불렸다.

13 맥각균을 연구하다 탄생한 것이 환각 작용으로 유명한 리세르그산디에틸아마이드 lysergic acid diethylamide, LSD다. LSD는 주로 뇌의 세로토닌 수용체에 영향을 끼쳐 환각 작용을 일으킨다. 뇌에서 시각이나 감각의 정보 처리가 비정상적으로 이뤄져 시각이나 청각이 왜곡되거나 시간 감각이 달라진다.

불'에 걸린 환자가 많았던 해와 마녀재판이 많았던 해가 일치했다. 환자가 많은 해는 여름이 덥고 습해서 맥각균이 번식하기 좋은 환경이었다. 맥각균에 오염된 호밀빵을 먹은 사람은 환각 증상과 이상 행동을 보였기 때문에 마녀로 여겨졌던 듯하다.

현대에도 곰팡이에 오염된 곡물로 만든 식품을 먹어서 건강에 문제를 일으키는 경우가 있다. 곰팡이가 만드는 독소에는 데옥시니발레놀deoxynivalenol과 아플라톡신aflatoxin 등이 있으며 이 독소들은 몸의 저항력을 약화하거나 암 발생률을 높일 가능성이 있다. 데옥시니발레놀은 푸사리움fusarium이라는 곰팡이가 만드는 독소로 주로 밀, 옥수수, 보리 등의 곡물에서 생긴다. 아플라톡신은 아스페르길루스aspergillus라는 곰팡이가 만드는 독소로 땅콩, 옥수수, 목화씨 등에 잘 달라붙는다. 이런 곰팡이 독을 피하려면 곡물이나 콩류를 적절한 방법으로 보관하고 곰팡이가 난 것은 먹지 않아야 한다.

과잉 섭취 문제와 글루텐 프리

탄수화물의 과잉 섭취는 비만이나 생활 습관병의 위험을 높인다. 특히 정제된 탄수화물(백미, 흰 밀가루, 설탕 등)은 혈당을 급격히 상승시켜 정상적인 인슐린 작용에 세포가 반응하지 않는 인슐린 저항성을 유발해 당뇨병으로 이어질 우려가 있다. 정제된 탄수화물은 정제 과정에서 식이섬유, 비타민, 미네랄 등이 제거되며 에너지 밀도가 높아 적은 양을 먹어도 과잉 섭취로 이어지기 쉽다.

또한 밀에는 글루텐이라는 단백질이 들어 있다. 글루텐은 밀, 보리, 호밀에 있는 단백질의 일종으로 빵이나 파스타 등의 식품에 쫄깃한 탄력과 점성을 내는 역할을 한다. 최근에는 글루텐을 기피하는 현상이 나타나면서 '글루텐 프리'gluten-free가 주목받고 있다.

글루텐은 셀리악병 같은 자가 면역 질환이나 글루텐 감수성의 원인이 되기 때문에 이런 증상이 있는 사람은 글루텐을 제한할 필요가 있다.[14] 그러나 안일한 글루텐 프리 다이어트는 밀에서 유래한 탄수화물을 다른 탄수화물로 보완하기 때문에 오히려 탄수화물 과잉 섭취로 이어질 우려가 있다. 밀은 식이섬유나 비타민, 미네랄의 중요한 공급원이기도 하므로 영양소 섭취 부족도 우려된다.[15]

이처럼 탄수화물은 음식의 다양성을 뒷받침하는 중요한 영양소인 동시에 건강에 나쁜 영향을 줄 수 있으므로 섭취에 주의가 필요하다.

문명을 성장시킨 농업 경제

2022년 세계 인구는 80억 명에 도달했다.[16] 2060년에는 100억 명

---

14 셀리악병은 글루텐에 대한 면역 반응으로 소장이 손상되는 자가 면역 질환이다. 또한 글루텐 감수성은 셀리악병만큼 심각하지는 않지만 글루텐을 섭취했을 때 소화기 증상이나 피로감 등이 나타나는 상태를 가리킨다.

15 밀은 식이섬유, 비타민 B군, 철분을 풍부하게 함유한 영양가 높은 식품이다. 글루텐 프리 다이어트를 할 경우 이들 영양소를 다른 식품으로 보충해야 한다.

16 유엔에서 발표한 〈2022년 세계 인구 전망 보고서〉World Population Prospects 2022를 참조했다.

이 될 것으로 예상하며 그 후에는 증가세가 감소할 전망이지만 큰 폭으로 줄어들지는 않을 듯하다. 문제는 식량이다. 이 좁은 지구에서 100억 명을 먹여 살릴 수 있느냐는 것이다. 이 문제에 대해 나는 지금까지의 역사를 되돌아봤을 때 '어떻게든 될 것'이라고 생각한다.

원시인은 어떻게 먹고 살았을까?

인류가 탄생했을 무렵 땅에는 음식이 널려 있었다. 봄에는 부드러운 새싹이 자라고, 여름에는 달콤한 꽃이 흐드러지게 피며, 가을에는 잘 익은 과일이 나뭇가지가 휘어져라 달렸다. 이런 자연의 산물을 주워 먹으면 그만이었다. 강이나 바다에서는 물고기가 잡히고 가끔은 작은 동물을 사냥하며, 때로는 상처 입은 대형 동물을 발견하는 행운도 누렸을 것이다. 추운 겨울에는 힘들었겠지만 동굴에 틀어박혀 모피를 걸치고 가을에 주워 모은 식량을 먹으면서 버티면 이윽고 따뜻한 봄이 찾아온다. 인류는 이런 생활을 수십만 년이나 이어왔다.

농경을 시작하기 이전 시대의 인류는 사냥과 채집을 통해서 식량을 얻었다. 이는 자연의 산물을 직접 이용하는 생활 방식으로 계절에 따라 이동하는 경우가 많았으며 비교적 평등한 사회 구조였다. 당시에 도구를 사용한 흔적이나 예술적 표현도 발견되었다.

농업 혁명의 시작

인구가 증가하자 사냥과 채집만으로 식량을 얻고 사회를 유지할 수 없게 되었다. 궁하면 통한다는 것은 예나 지금이나 세상의 진리다. 인류는 부족한 식량을 충당하기 위해 대지에 곡물의 씨앗을 뿌리는 방법을 익혔다. 봄에 씨앗을 뿌리면 가을에는 에너지 덩어리인 탄수화물 열매가 맺힌다. 밀 한 톨을 먹으면 그것으로 끝이지만 땅에 뿌리면 수만 배로 증가한다. 그리고 그 달콤한 열매를 먹으면 주린 배를 채울 수 있다.

그런데 밀을 뿌려서 수확하려면 경작지가 필요하다. 광대한 토지를 경작하고 물을 끌어 와야 하는데 이런 대규모 토목 사업을 고작 몇 명이 하는 것은 불가능하다. 이제 사람들은 한곳에 모여 단체나 부족을 형성했다. 여러 사람이 통일된 행동을 하기 위해서는 통제하고 이끌 인물이 필요하기에 부족장과 지시를 전달하는 사람이 나타났다. 이렇게 해서 사람들 사이에 계급이 생겼다. 부족은 뭉치고 흩어지기를 반복하면서 계속 확대되었다. 규모가 큰 부족일수록 개척이 쉽고 다른 부족과 합쳤을 때 발언권도 커졌기 때문이다.

이처럼 인류가 수렵 채집 생활에서 농경 생활로 바뀌는 과정에서 나타난 일련의 변화를 '농업 혁명'이라고 부른다. 농업 혁명을 통해서 인류는 처음으로 안정된 식량 공급을 실현했다. 또한 정착 생활의 시작, 사회의 계층화, 기술의 발전 등 다양한 변화를 불러왔으며 그 영향은 오늘날까지 이어지고 있다.

국가와 문명의 등장

부족이 성장하면 국가가 된다. 국가는 그 정점에 왕을 세우고 각종 계급을 만들었으며 사람들 사이의 계급 차이를 분명히 하기 시작했다.[17] 계급이 높은 사람은 식량도 많이 받았기 때문에 계급 격차는 곧 빈부 격차가 됐다. 빈부 격차는 개인 사이에서만이 아니라 국가 사이에서도 생겨났다. 부유한 국가의 백성은 유복하고 부유하지 못한 국가의 백성은 가난했으며, 그 차이는 개인의 노력으로 메우기 어려웠다.[18] 무력을 사용해 빈부 격차를 해소하려는 움직임도 나타났지만 싸움은 대부분 부유한 나라의 승리로 끝났다. 그 결과 부유한 나라는 더욱 확대되고 부유하지 못한 나라는 소멸하는 패턴이 반복되었다. 이렇게 해서 지구상에는 몇 개의 대국과 제국, 나아가 문화권이 탄생했으며 문화권 특유의 문화가 꽃을 피워 나갔다.[19]

먹고 살려고 만든 기술, 왜 전쟁 무기가 됐을까?

문명과 과학의 발전이 인류에게 기쁨만 가져다준 것은 아니다. 대량 파괴와 대량 살육이라는 비극도 만들어 냈으며 그 비극의 규모를 더욱 키웠다. 전쟁을 예로 들면 인류는 그전까지 사용했던 질산칼륨이라는 천연 산소 발생제로 만든 천연 폭약을 버리고 인공 니트로화

---

17 왕을 정점으로 삼는 국가의 형성은 고대 이집트와 메소포타미아에서 발견된다. 이들 문명에서는 신권 정치가 시행되어 왕을 신의 대리자로서 숭배했다. 그 예로 고대 이집트의 파라오는 '살아 있는 신'으로 군림했다.

18 개인의 노력으로 메울 수 없는 빈부 격차는 대부분 교육이나 기회의 불균등에서 생겨난다. 중세 유럽의 봉건 사회에서는 농민이 교육 받을 기회조차 없어 귀족 계급과의 경제적 격차를 좁힐 수 없었다.

19 문화권 형성은 교역, 전쟁, 이민 등에 의해 진행되었다. 예를 들어 아시아와 유럽을 연결한 실크로드는 물자뿐만 아니라 문화와 기술의 교류도 촉진했다. 이에 따라 페르시아 문화나 중국 문화가 다른 지역에 영향을 끼쳐 독특한 문화권이 형성되었다.

합물인 트리니트로톨루엔trinitrotoluene, TNT으로 만든 고성능 폭약을 사용하기 시작했다. TNT는 1863년에 독일 화학자인 율리우스 빌브란트Julius Wilbrand가 최초로 합성한 화학 병기로 비교적 제어가 용이하고 안정성이 높다.[20]

TNT 개발에는 '하버-보슈법'Haber-Bosch process이라는 화학 비료 제조 기술이 크게 기여했다. 하버-보슈법은 공기 속에 있는 질소를 고정해서 암모니아를 합성하는 기술로, 대량의 암모니아를 효율적으로 생산할 수 있다. 이 기술 혁신 덕분에 대량의 질소 비료를 저렴한 가격으로 공급하게 되어 농업 생산력이 비약적으로 향상됐다.[21] 그러나 하버-보슈법으로 생산한 암모니아는 TNT를 만드는 데도 사용되었다. 암모니아는 질산으로 변환되며 질산(질산염)은 폭약의 원료로서도 중요하기 때문이다.[22]

이처럼 하버-보슈법과 TNT의 개발은 서로 밀접한 관계가 있다. 이 관계는 화학 기술이 평화적인 목적과 군사적인 목적에 모두 사용될 수 있음을 보여주는 좋은 예다.

---

20 제1차, 제2차 세계대전에서 포탄, 폭탄, 지뢰 같은 중요한 폭발물로 사용되었다.

21 암모니아에는 질소가 많이 들어 있다. 질소는 식물이 성장하는 데 없어서는 안 될 영양소로 질소가 없으면 식물은 건강하게 자라지 못한다.

22 질산염은 폭약을 제조할 때 강력한 산화제로 쓰이며 니트로 화합물의 폭발 반응을 돕는다.

녹색 혁명의 빛과 그림자

제2차 세계대전 후 아시아는 전대미문의 식량 위기에 직면했다. 대규모 기근 위기에서 사람들을 구한 것이 '녹색 혁명'으로 불리는 농업 혁명이다. 수확성이 높은 품종을 도입하고 화학 비료를 대량으로 투입한 결과, 곡물 생산량이 비약적으로 상승해 식량 위기를 피할 수 있었다.[23]

'녹색 혁명의 아버지'로 불리는 미국 농학자이자 생물병리학자인 노먼 볼로그Norman Borlaug 박사는 이 공적으로 1970년에 노벨 평화상을 수상했으며 '역사상 그 누구보다 많은 생명을 구한 인물'이라는 찬사를 받았다.

녹색 혁명이란?

제2차 세계대전이 끝나자 많은 나라가 전쟁의 상처를 딛고 일어서기 위해 노력했다. 특히 전쟁으로 입은 피해가 컸던 아시아 국가들은 식량 부족 문제로 고민이 컸다. 1950년대부터 1960년대에 걸쳐 세계적으로 인구 폭발이 일어나고 의료 기술의 진보로 사망률이 감소했지만 출생률은 높은 수준을 유지했기 때문이다. 특히 아시아, 남아메리

---

23 녹색 혁명에 기여한 고수확 품종의 개발에 일본이 공헌하기도 했다. 국제적으로 벼에 관한 연구와 교육을 하는 농업연구기관인 국제미작연구소International Rice Research Institute, IRRI에서 개발한 고수확 품종 'IR-8'은 인도와 필리핀 등지에서 쌀의 생산성을 크게 높였는데, 이 품종 개발에 일본의 농업 기술이 중요한 역할을 했다.

카, 아프리카 등 개발도상국에서는 인구가 많이 증가함에 따라 식량 수요가 급속히 늘었다. 그러나 당시의 농업 기술로는 이 수요에 부응하기 어려웠다. 전통적인 농법으로는 한정된 토지에서 충분한 식량을 생산할 수 없었다.

과학자와 정책 입안자들은 식량 문제를 해결할 방법으로 품종 개량과 화학 비료의 이용에 주목했다. 품종을 개량하면 더 많은 양을 수확할 수 있는 작물을 개발할 수 있고[24] 화학 비료는 식물의 성장을 촉진해 수확량을 늘릴 수 있기 때문이다. 결국 품종 개량과 화학 비료의 대량 투입을 조합한 농업 기술의 혁신이 일어났고, 이를 녹색 혁명으로 부르게 되었다.

볼로그 박사는 녹색 혁명의 중심적인 인물로 밀의 품종 개량에 성공해 그 기술을 개발도상국에 퍼트렸다. 녹색 혁명은 1960년대부터 1970년대에 걸쳐 아시아와 남아메리카에서 큰 성과를 거뒀다. 특히 멕시코, 인도, 필리핀 등지에서 곡물 생산이 비약적으로 증가했으며 덕분에 심각했던 식량 부족 문제가 완화되었다.

배부른 세상이 낳은 환경 문제

녹색 혁명은 환경 문제라는 새로운 과제도 낳았다. 무분별하게 사용한 화학 비료와 농약으로 인해 토양과 물이 오염되었고, 농업의 공업화는 소규모 농가의 경제적 어려움을 초래하는 등 사회 문제도 유

24　키가 작은 밀 품종을 육성해 수확량이 증가해도 잘 쓰러지지 않는 작물을 만들었다.

발했다. 논에서는 더 이상 물고기를 양식하기가 어려워졌다. 인도와 동남아시아의 많은 지역에서 화학 비료와 농약이 수로로 흘러 들어가 수질이 크게 악화되었고, 그 영향으로 민물고기의 생식 환경이 파괴되어 전통적인 양식업이 큰 타격을 입었다.

토양의 열화(품질이 저하되거나 생산력이 감소하는 현상)와 지하수 오염도 큰 문제가 되었다. 장기간에 걸친 화학 비료의 사용으로 토양의 자연스러운 양분 균형이 무너져 토양이 훼손되었다. 또한 농경지에 물을 대느라 지하수가 고갈돼 일부 지역에서 물 부족 문제가 심각해졌다.

이러한 부작용에 대해 볼로그 박사는 "비료와 농약 사용은 식량 증산을 위한 올바른 방향이기는 하지만 세계를 유토피아로 만드는 방법은 아니다."라고 말하며 환경 문제에 대한 우려를 표했다. 반면 환경 보호를 외치는 사람들에게는 "서유럽의 엘리트들은 굶주림을 모른다. 만약 그들이 개발도상국의 현실을 체험한다면 농약과 비료의 필요성을 이해할 것이다."라고 반론하며 개발도상국의 현실을 알렸다.

농약 없이 농사를 지을 수 있을까?

오늘날 세계는 식량 생산과 환경 보전의 균형이라는 어려운 문제를 해결하고 지속 가능한 농업을 위해 유기 농업이나 친환경 농법 개발 등 새로운 도전을 계속하고 있다. 유기 농업은 화학 비료나 농약을 사용하지 않고 자연의 힘을 활용해 작물을 키우는 방법이다. 비료나 농약을 사용하지 않음으로써 토양의 건강을 유지하고 생물 다양성을 지킬 수 있다. 나아가 자연환경과 조화를 이루면서 생산성을 높이는 '농생태학'이라는 접근법도 탄생했다.

녹색 혁명은 단순히 식량 생산을 늘리는 것뿐만 아니라 농촌 사회의 구조 변화와 도시화의 진행, 국제적인 식량 공급망의 재편성에도 변화를 가져왔다. 이에 따라 농촌에서 도시로 인구 이동이 가속화되어 도시에는 노동력이 증가했으나 농촌은 쇠퇴되었다.

녹색 혁명의 교훈

녹색 혁명은 과학 기술이 사회 변혁을 일으킬 수 있음을 보여주는 동시에 그에 따르는 복잡한 측면도 부각했다. 기술 혁신이 불러오는 예기치 못한 부작용에 대처하기 위해서는 지속적인 감시와 유연한 대응이 필요하다. 이를테면 환경에 주는 부담을 줄이면서 식량 생산량을 유지하고 효율을 높이기 위해 앞으로는 생명 공학[25]과 정밀 농업[26] 기술이 더욱 중요해질 것이다. 장기적으로는 기술들을 통합해 좀 더 지속 가능하며 세련된 농업 시스템을 구축할 것으로 기대된다. 생명 공학과 정밀 농업의 융합을 통해 식량 안보 강화와 환경 보호 두 마리 토끼를 잡을 수 있다.

---

25 생물학의 지식과 기술을 농업, 생물 의학, 공업, 환경 문제 등 많은 분야에 응용하는 기술이다. 농업 분야에서는 작물의 유전자 재조합, 분자 육종(유전적으로 우수한 식물을 골라내 교배하는 기술), 바이오 비료 등 응용 사례가 있다.
26 IT 기술로 작물 생산의 효율을 높이는 것으로 주로 GPS나 GIS(지리 정보 시스템), 드론, 로봇 수확기, 센서 기술 등을 활용한다.

인류가 역사를 이룩하는 데 있어 약은 결코 빠질 수 없는 물질이다. 질병과 부상은 인류를 끊임없이 괴롭혀 왔고, 그 고통과 괴로움은 때때로 삶의 의미를 지워 버릴 정도로 큰 절망을 안겨 주기도 했으나 인류는 결코 포기하지 않았다.

인류를 고통에서 벗어나게 해줄 약을 찾는 탐구는 마치 희망의 빛을 갈구하는 기도와도 같다. 약은 신의 은총으로 불릴 만큼 인간의 삶 가까이에서 돕고 있다. 약과 치료법의 발전은 인류가 문명을 이루고 오늘날까지 발전하는 데 초석이 되었다.

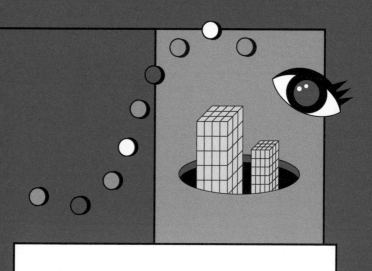

제2장

약

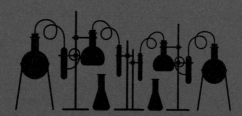

인류를 질병에서 해방시킨 물질

인류 역사에서 약이 맡은 역할

　인류는 자연의 일부이지만 자연은 반드시 인간에게 상냥하지만은 않다. 인류는 탄생 이래 끊임없이 죽음의 공포와 마주했다. 겨울의 매서운 추위는 인간을 얼어붙게 해 살아갈 기력을 빼앗았고, 언제 찾아올지 모르는 질병은 죽음의 그림자 그 자체였다. 식량을 얻기 위해 사냥을 하면 사냥감의 반격이나 부상의 위험이 뒤따랐는데, 그렇다고 사냥을 하지 않으면 굶어 죽는 수밖에 없었다. 그런 인류를 치유하고 지원하고 구한 것이 바로 약이다.

　약은 병이나 부상의 치료, 예방, 증상의 완화를 목적으로 한 물질이다. 고대부터 현대에 이르기까지 인류의 건강과 생존에 없어서는 안 될 역할을 해왔다. 약은 크게 두 가지로 나눌 수 있다. 자연계에 존

재하는 식물, 광물, 동물의 성분에서 추출한 것과 현대 화학 기술을 이용해서 합성한 것이다.[1]

약과의 만남, 의학의 탄생

고대 사람들은 시행착오를 거듭하면서 다양한 식물과 광물의 치료 효과를 발견했다. 이런 지식은 입에서 입을 통해 전해지거나 문자로 기록되면서 점차 체계화되었다. 기원전 2740년경에 편찬된 중국의 《신농본초경》[2]이나 기원전 1550년경에 이집트에서 쓰인 《에버스 파피루스》Ebers Papyrus는 고대의 약초 지식을 집대성한 것이다.

약뿐만 아니라 사람들을 헌신적으로 치료하는 사람도 나타났다. 고대 그리스의 철학자 히포크라테스[3]는 '의학의 아버지'로 불리며, 근대에는 나이팅게일[4]이 간호사의 길을 개척했다. 중세 유럽에서 흑사

---

1 식물에서 유래한 약으로는 버드나무에서 추출한 해열 진통제인 아스피린, 양귀비에서 유래한 진통제인 모르핀, 디기탈리스에서 유래한 강심제(심장 박동을 강화하는 약) 등이 있다. 광물에서 유래한 약으로 피부병 치료에 사용하는 황이 있고, 동물에서 유래한 것으로는 인슐린과 헤파린이 의약품으로 이용된다. 현대의 의약품은 대부분 화학 기술로 합성해서 만든 것이지만 '자연계에 존재하는 것'과 '화학 기술을 이용해서 합성한 것'을 명확히 구별하기는 사실 불가능하다. 예를 들어 현대의 인슐린은 유전자 재조합 기술을 사용해 합성된다.

2 《신농본초경》에는 365종의 약물이 기재되어 있으며 식물, 동물, 광물에서 유래한 약물이 포함된다.

3 히포크라테스는 병의 원인을 자연 현상으로 파악하고 관찰과 경험에 입각한 의료를 제창했다. 그의 의학 사상은 의료 윤리의 근간을 이루는 것으로 의료 종사자가 환자를 어떻게 대하고 행동해야 할지 규정한다. 이는 오늘날에도 '히포크라테스 선서'를 통해 계승되고 있다.

병이 유행했을 때는 수도사들이 환자들을 헌신적으로 돌봤다. 수도사들은 약초원을 관리하면서 약을 조합하고 환자를 간호했는데, 이를 통해 약초 요법의 지식이 보존되어 다음 세대로 계승될 수 있었다.

21세기에 접어들어 생명 공학과 유전자 공학이 발전함에 따라 더욱 효과적이고 부작용이 적은 약이 개발되고 있다. 특정 유전자나 분자로 표적을 좁힌 신약이 개발되면서 개별화 의료(투여 전에 환자의 유전자를 확인해 약물의 적정성을 판단하는 맞춤 의료)도 현실이 되어 가고 있다. 신종 코로나바이러스 감염증COVID-19의 세계적 유행은 현대에도 약의 개발과 공급이 얼마나 중요한지 새롭게 인식하는 계기가 됐다. 코로나 백신의 신속한 개발과 보급은 과학 기술과 국제 협력의 성과물이다.

감기약부터 마취제까지

문명이 발전해 생활이 풍요로워짐에 따라 약의 종류도 계속 증가해 왔다. 병이나 부상을 치료하는 약, 병을 예방하는 약, 비만을 억제하는 약, 미용을 목적으로 한 약, 심지어 쾌락을 얻기 위한 약까지 존재한다.

대부분의 병은 세균이나 바이러스 등의 병원체가 일으킨다. 감염증, 중독증, 화농증 등이 대표적인 예다. 병원체로 인한 병을 근본적

4　현대 간호학의 기초를 세운 인물이다. 크림 전쟁에서 부상병을 간호하고 위생 상태를 개선해 사망률을 크게 낮췄다.

으로 치료하려면 병원체를 죽이는 약, 즉 살균제가 필요하다. 그러나 문제는 병원체의 종류가 한둘이 아니라는 점이다. 식중독이나 콜레라를 일으키는 세균도 있고 신종 코로나바이러스 감염증처럼 바이러스가 원인인 병도 있다.[5] 게다가 바이러스는 생물이 아니므로 일반적인 살균제는 효과가 없다. 각각의 병원체에 맞는 적절한 약을 선택해야 한다.

병원체를 직접 박멸할 수 없는 병[6]에는 환자의 생명력을 높이고 증상을 완화하는 약을 사용한다. 이런 종류의 약은 열, 기침, 두통, 심장과 혈압의 이상 등 증상에 따라 다양하다. 가령 열이 날 때 해열제, 기침에는 기침약, 두통에는 진통제 같이 증상에 맞춰서 약을 처방하는데, 병을 치료한다기보다 증상을 억제해 환자가 회복될 때까지 시간을 벌어 주는 역할을 한다.

상처 치료에는 소독제, 살균제, 진통제를 사용한다. 중증일 경우는 수술해야 하는데 수술하려면 마취약이 필요하다. 마취약이 없었던 고대부터 중세에는 수술에 엄청난 고통과 위험이 동반됐지만, 19세기 에테르ether 나 클로로포름chloroform 같은 마취약이 발견되면서 외과수술이 비약적으로 발전했다.[7]

---

5 세균은 단세포 미생물로 세포 분열을 통해서 증식한다. 한편 바이러스는 세균보다 훨씬 작으며 다른 생물의 세포를 이용해서 증식한다. 바이러스는 세포가 없고 자기 증식 능력도 없기 때문에 생물과 비생물의 중간 존재로 여겨진다.

6 병원체를 직접 박멸할 수 없는 병의 예로는 알레르기 질환, 자가 면역 질환, 만성 질환 등이 있다.

의학이 발전하자 비타민제, 호르몬제, 정력제, 건강보조식품[8] 같이 건강을 유지하기 위한 약도 등장했다. 이런 약의 목적은 영양을 보충하고 건강 상태를 개선하는 것이다. 옛날부터 사람들은 식사를 건강 유지에 중요한 요소로 생각했다.[9] 약선 요리나 한약 등이 대표적인 예로 현대의 건강식품이나 건강보조식품 개발의 시작점이라고 할 수 있다.

자연에서 찾은 천연 의약품

먼 옛날부터 인류는 자연 속에서 의약품을 찾았다. 동물, 식물, 광물 등 온갖 천연자원이 질병을 치료하고 건강을 유지하는 데 활용되어 왔다. 그러나 이러한 역사는 수많은 시행착오와 우연의 결과로 이

---

7   에테르나 클로로포름은 본래 마취약이 아닌 화학 실험용 시약이나 용매로 쓰였는데, 마취 작용이 발견된 후 의학 분야에서 이용하기 시작했다. 마취 역사에서 중요한 전환점이 된 사건은 1846년 미국 의사인 윌리엄 모턴William Morton이 에테르를 사용한 공개 수술에 성공한 일이다. 그 후 영국 산부인과 의사인 제임스 심슨James Young Simpson이 클로로포름의 마취 효과를 발견했고, 1847년 산부인과 수술에 도입했다. 클로로포름은 에테르보다 마취 작용이 강력하다.

8   비타민, 미네랄, 아미노산 등의 영양소를 보급하기 위한 식품이다. 의약품이 아니기 때문에 효과와 안전성은 보증되지 않는다.

9   히포크라테스는 "너의 식사를 약으로 삼고, 너의 약을 식사로 삼아라."라는 말을 남겼는데 이 사상은 현대의 영양학과도 일맥상통한다. 특정 식품에 들어 있는 비타민, 미네랄, 식이섬유 등의 성분이 병의 예방이나 건강 증진에 기여한다는 사실이 과학적으로도 증명되었다.

루어진 것이기도 했다.

황제도 먹었다? 고대인이 믿은 위험한 치료법

수은은 고대부터 의료에 사용했다. 고대 중국에서는 진나라의 시황제始皇帝(이하 진시황)[10]가 불로불사를 추구하며 수은을 섭취했다고 전해진다. 고대 로마에서도 수은을 치료제로 사용했다. 그들은 수은의 광택과 액체의 특성에 신비한 힘이 있다고 믿었다. 그러나 현대에 들어 수은에 함유된 매우 강한 독성이 신경계나 신장에 심각한 피해를 준다는 사실이 밝혀졌다.

금은 옛날부터 부의 상징인 동시에 약으로도 효과가 있다고 믿어져 왔다. 금을 음료에 섞어서 마시면 젊음과 건강을 유지할 수 있고, 상처에 금가루를 바르면 빨리 치유된다고 생각했다. 특히 중국에서는 금이 장수와 건강을 가져다주는 '신선의 약'이라고 믿었다.

그 밖에도 고대에는 소독과 살균 작용이 있는 황을 피부병 치료제 또는 입욕제로 사용하거나, 납을 포함한 화합물을 피부병 치료에 사용했다. 또한 철분을 보급하기 위해 철이 들어 있는 물을 마시는 등 다양한 치료에 광물을 이용했다. 그러나 현대의 관점에서 보면 광물

---

10 중국 역사에서 최초로 천하통일을 이룬 군주이자 중국 최초의 황제다. 13세에 진의 왕으로 즉위해 법가의 사상을 바탕으로 중앙 집권 체제를 확립했다. 도량형, 화폐, 문자 통일 등 다양한 개혁과 만리장성 건설 등 대규모 토목 공사를 시행했다. 그러나 강권 통치와 엄격한 법 제도로 민중에게 큰 부담을 강요한 탓에 그가 세상을 떠나자 진은 단기간에 붕괴했고 그 후 전란의 시대가 찾아왔다.

은 조성이나 순도가 일정하지 않은 경우가 많고 독성을 지닌 것도 많기 때문에 의약품으로 이용하기에는 문제가 있다.[11]

약일까 독일까? 식물의 두 얼굴

식물은 건강을 지탱하는 약으로, 때로는 독으로 인간과 복잡한 관계를 맺어 왔다. 예쁜 자주색 투구꽃에는 심장의 수축력을 강화하는 성분이 들어 있어 소량이라면 심장병 치료제로 이용될 수 있다. 하지만 강한 독성 탓에 잘못 먹으면 죽음에 이를 수도 있다. 약이 될 수도 있고 독이 될 수도 있는 상징적인 존재다. 흔히 먹는 채소나 과일도 과도하게 섭취하면 몸에 부정적인 영향을 줄 수 있다. 예를 들어 시금치에는 옥살산oxalic acid이 들어 있는데 지나치게 많이 먹으면 요로결석의 원인이 된다.[12] 이처럼 식물의 약효와 독성은 동전의 양면과 같으므로 적절한 지식을 갖고 알맞게 섭취해야 한다.

독성이 없는 식물은 다양한 형태로 우리의 건강을 뒷받침한다. 식이섬유가 풍부한 채소와 곡물은 장내 환경을 바로잡고 변비를 예방한

---

11 광물 자체를 의약품으로 이용할 수는 없지만 광물에서 유래한 성분을 정제 및 가공해서 의약품으로 사용하는 경우는 있다. 예를 들어 리튬은 우울증 치료제에, 바륨은 위 엑스선 검사를 위한 조영제에, 아이오딘은 구강 청결제나 소독약에, 마그네슘은 변비약이나 제산제에 이용한다.

12 그 밖에도 당근은 피부의 황변을 초래하고, 양배추는 갑상선 기능 저하증의 위험을 높일 수 있다. 또한 바나나는 고칼륨혈증을 유발하고, 자몽은 특정 약물의 부작용을 강하게 만들 가능성이 있다. 다만 이런 증상은 극단적인 과다 섭취로 인한 것으로 일반적인 식생활을 한다면 걱정할 필요는 없다.

다. 또한 예부터 전해 내려오는 약초는 감기나 복통 등 다양한 증상을 완화하는 데 도움이 된다. 생강에 들어 있는 진저롤gingerol은 몸을 따뜻하게 덥히고 구역질을 억제하는 효과가 있어서 갈근탕 등의 한약에 배합된다.[13] 또한 약모밀(어성초)은 독을 억제하는 효과가 있다고 여겨져 피부염이나 종기 치료에 사용되었다.[14]

버섯 중에도 약효를 지닌 것이 있다. 영지버섯이나 동충하초[15]는 면역력을 높이는 효과가 있어 귀한 한약재로 쓰였다. 현대에는 버섯의 성분 분석과 약리 작용에 대한 연구가 진행되고 있으며, 그 결과는 새로운 의약품 개발로 이어지고 있다. 가령 표고버섯에서 추출한 렌티난lentinan은 항암제로 사용된다.

신기한 동물 유래 약

동물에서 유래한 성분도 약으로 이용했다. 고대 이집트의 파피루스에는 동물의 장기나 배설물을 약으로 사용했다는 기록이 있으며,

---

13 갈근탕은 갈근을 비롯해 마황, 계피, 생강, 작약, 대추, 감초의 일곱 가지 생약으로 구성된다. 발한, 해열, 진통 작용이 있어서 두통, 어깨 결림, 오한, 발열 등 초기 감기에 효과가 있다고 알려져 있다.

14 약모밀은 잎과 줄기에서 물고기 비린내 같은 냄새가 난다고 해서 어성초로도 불리는데, 이 냄새의 원인은 데카노일아세트알데하이드다.

15 영지버섯과 동충하초는 중국 전통 의학에서 자양 강장, 면역력 향상, 항염증 작용 등이 있다고 여겨진다. 영지버섯은 불로초과의 버섯으로 베타글루칸 등의 성분이 면역 기능을 활성화한다고 여겨져 건강식품이나 건강보조식품으로 널리 이용된다. 동충하초는 곤충에 기생하는 버섯으로, 코디세핀 등의 성분이 연구되고 있으며 피로 해소와 운동 능력 향상에 대한 효과가 기대된다.

고대 중국에서도 곰의 쓸개(웅담)나 천산갑의 비늘 등 다양한 동물 유래 성분을 귀한 한약재로 여겼다.[16]

근대에는 과학의 발전으로 동물 유래 성분으로부터 약효 성분을 추출 및 정제하는 기술이 확립되었다. 1920년대에는 소와 돼지의 췌장에서 추출한 인슐린이 당뇨병 치료에 혁명을 일으켰다. 이 밖에도 소와 돼지의 조직에서 추출한 헤파린heparin은 혈액 응고 방지제를, 임신한 말의 오줌에서 추출한 에스트로겐은 여성 호르몬 보충제인 프레마린premarin을 만드는 데 널리 이용되었다.

그러나 동물에서 유래한 약에는 알레르기 반응이나 감염증 위험, 공급 불안정 등의 문제가 있다. 그래서 화학 합성 기술과 유전자 재조합 기술이 발전한 20세기 후반부터는 동물 유래 약물이 서서히 줄어들고 있다.[17]

고통 없이 수술이 가능해진 이유

천연 의약품과 관련해서 꼭 소개하고 싶은 인물이 있다. 일본 에도

---

16 지금도 한약에는 동물에서 유래한 성분이 사용된다. 우황(소의 담석을 말린 것—옮긴이)은 고열이나 해독에, 용골(거대한 포유동물의 화석화된 뼈—옮긴이)은 신경 안정에, 귀판(남생이의 등껍질 혹은 배껍질—옮긴이)은 자양 강장에, 녹용은 정력 강화에, 섬소(두꺼비의 귀샘에서 분비되는 흰 액체를 말린 것—옮긴이)는 심장 강화에 이용된다. 이들 성분에는 특정한 치료 효과가 있다고 여겨지지만 환경 보호와 윤리적 문제가 있어 사용에 주의가 필요하다.

17 중국과 아시아의 일부 지역에서는 코뿔소의 뿔, 물개의 음경, 잉어의 담낭 등을 정력제 혹은 민간요법제로 먹기도 한다. 그러나 이런 약재는 과학적 근거가 없거나 오히려 독이 들어 있기도 하다.

시대(1603~1868) 말기에 활동했던 의사 하나오카 세이슈華岡青洲 다. 하나오카는 흰독말풀과 투구꽃 등의 약초를 조합해 세계 최초로 '통선산'通仙散 이라는 전신 마취약을 개발했다. 이는 서양의 마취약보다 약 40년 앞선 것이다. 하나오카는 수술에 이 마취약을 사용해 수많은 유방암 환자의 생명을 구했다. 하나오카의 공적은 일본 의학 역사의 금자탑 중 하나라고 할 수 있다.

우연에서 탄생한 항생 물질

미생물이 만드는 화학 물질 중에는 다른 미생물을 죽이거나 증식을 억제하는 물질이 있는데 이것을 '항생 물질'이라고 한다. 과거에는 감염증이 사람의 목숨을 빼앗는 가장 큰 위협이었다. 그러나 항생 물질을 발견함에 따라 수많은 감염증을 치료할 수 있게 되었고, 그 결과 무수히 많은 생명을 구할 수 있었다.

전쟁을 끝낸 마법의 물질

푸른곰팡이는 누룩곰팡이속과 푸른곰팡이속 곰팡이의 총칭이다. 빵이나 치즈에 자주 생기기 때문에 우리에게 비교적 친숙한 존재다. 푸른곰팡이는 포자를 날려서 번식하며 습한 환경을 좋아한다. 개중에는 독성을 생성하는 것도 있지만 일반적인 푸른곰팡이는 항생 물질을 만들어 내는 것으로 유명하다.

1928년 영국 생물학자인 알렉산더 플레밍Alexander Fleming은 샬레에 우연히 섞여 들어간 푸른곰팡이 주위에 세균이 증식하지 않는 것을 발견했다. 이렇게 발견된 페니실린은 제2차 세계대전에서 수많은 병사의 생명을 구했고[18] 전쟁이 끝난 뒤에도 감염증 치료에 크게 공헌했다. 푸른곰팡이가 만들어 낸 화학 물질이 인류의 역사를 바꿔 놓았다고 해도 과언이 아니다.

푸른곰팡이에 얽힌 전설

사람들은 항생제를 최신 합성 약으로 생각하는 경향이 있는데 항생제는 미생물이 만들어 내는 천연물을 화학적으로 정제 및 가공한 의약품이다.

에도 시대를 연 도쿠가와 이에야스德川家康와 페니실린에 관한 흥미로운 전설이 있다. 고마키 나카쿠테 전투에서 도쿠가와의 등에 생긴 상처에 세균이 들어가서 종기가 났는데, 푸른곰팡이를 발랐더니 순식간에 나았다는 이야기다. 물론 전설의 영역을 벗어나지 못하는 내용이지만 푸른곰팡이의 항균 작용을 생각하면 무조건 허구로 단정 지을 수는 없다.[19]

---

18 페니실린은 전쟁터에서 감염증과 외상 치료에 사용되었다. 1941년에 미국 제약 회사인 화이자는 구연산 발효 기술을 통해 페니실린의 생산과 실용화에 성공했다.

19 단, 실제로 도쿠가와의 몸속에 자리 잡은 세균을 전멸시킬 정도의 페니실린이 자연적으로 생성될 가능성은 매우 낮다.

바이러스는 왜 항생제가 안 먹힐까?

항생제는 세균의 세포벽을 파괴함으로써 효과를 발휘한다.[20] 다만 모든 항생제가 세포벽을 표적으로 삼는 것은 아니다. 세포의 단백질 합성을 저해하는 것(테트라사이클린tetracycline)이나 DNA 복제를 저해하는 것(퀴놀론계 항생제quinolone antibiotic)도 있다. 이런 항생제는 세균 특유의 생명 활동을 노려 선택적으로 세균을 죽인다.

오무라 사토시大村智 박사가 발견한 아버멕틴avermectin은 기생충에 작용하는 항생제다. 아버멕틴은 선충 등의 기생충이 가진 특유의 이온 채널에 결합해 신경 전달을 방해하여 기생충을 사멸한다. 아버멕틴의 발견으로 세균뿐만 아니라 기생충도 감염증의 원인이 될 수 있다는 사실을 알게 됐다.[21]

이처럼 항생제는 세균과 기생충으로부터 인류를 구원했지만 바이러스에는 효과가 없다. 바이러스에는 세균벽이 없기 때문이다. 그래서 감기 같은 바이러스 감염증 치료에는 항생제를 사용할 수 없다. 그런데도 항생제의 무분별한 사용이 계속되자 '내성균'이라는 새로운 문제가 생겼다.

---

20 항생제는 세균의 세포벽을 구성하는 펩티도글리칸peptidoglycan의 합성을 저해함으로써 세균을 사멸한다. 펩티도글리칸은 세균 특유의 구조로 인간에게는 존재하지 않기 때문에 세균만이 항생제의 표적이 된다.

21 아버멕틴은 아프리카의 풍토병인 실명증 치료에 크게 공헌했고 오무라 박사는 그 공적으로 2015년에 노벨 생리학·의학상을 수상했다.

22 치료가 어려운 내성균으로는 메티실린 내성 황색포도상구균(MRSA), 반코마이신 내성 장구균(VRE), 다제 내성 결핵균(MDR-TB), 카페페넴 내성 장내세균(CRE) 등이 있다.

내성균이란 항생제가 듣지 않는 세균을 의미하며, 이 세균은 돌연변이나 유전자 계승을 통해 항생제에 대한 내성을 획득한다. 그 결과 항생제 치료가 어려워지며 최악의 경우 생명을 잃을 수도 있다.[22] 내성균의 출현을 막으려면 필요할 때만 항생제를 사용해야 하며 새로운 항생제 개발 또한 중요한 과제다.

독보적 화학 합성 약품의 등장

서양 의약품의 특징은 한약처럼 자연의 것을 그대로 사용하지 않고 화학 합성을 통해서 만든다는 점이다. 화학 약품을 개발할 때는 자연계의 물질을 참고하거나 완전히 새로운 물질을 만드는 등 다양한 방법으로 접근한다.

통증을 없애는 아스피린의 탄생

히포크라테스는 버드나무 껍질에서 추출한 성분이 통증을 완화하는 효과가 있다고 주장했으며, 동양에서도 오래전부터 버드나무를 약효가 있는 식물로 여겼다.

19세기 말 프랑스 화학자가 버드나무에서 추출한 성분인 살리신을 연구하는 과정에서 해열 진통 작용을 지닌 살리실산을 발견했다. 그러나 살리실산에는 한 가지 결점이 있었으니 위장 장애를 일으킨다는 점이다. 그래서 독일의 제약 회사인 바이엘은 살리실산을 개량해 '아스피린'이라는 이름으로 상품화했다.[23] 아스피린은 전 세계적으로 큰 성공을 거뒀으며 특히 미국에서는 절대적인 인기를 자랑한다.

아스피린은 20세기 초에 널리 보급되어 통증이나 염증 치료에 사용되었다. 1950년대 이후에는 항혈소판(혈전 억제) 작용이 알려지면서 심혈관 질환의 예방과 치료에도 사용되기 시작했다. 또한 1971년에 영국 생리학자인 존 베인John Robert Vane 은 아스피린의 작용 기전을 연구해 아스피린이 통증 유발 물질인 프로스타글란딘prostaglandin 합성을 억제한다는 사실을 발견했다(이 연구로 베인은 1982년에 노벨 생리학·의학상을 수상했다).

아스피린의 원료인 살리실산은 매우 단순한 구조이면서도 다양한 약효를 지니는 합성물의 모체다. 살리실산메틸methyl salicylate 은 근육통에 바르는 약으로, 파라아미노살리실산p-aminosalicylic acid은 결핵의 치료약으로 사용된다.

처칠을 구한 기적의 약

영국 총리였던 윈스턴 처칠을 폐렴에서 구한 것은 설파제(설폰아미드sulfonamide)라는 합성 약이었다. 독일 화학자인 게르하르트 도마크Gerhard Domagk 는 염료를 연구하는 과정에서 특정 화합물이 세균 사

---

23 1897년에 화학자 펠릭스 호프만Felix Hoffmann은 살리실산의 부작용을 줄이기 위해 살리실산을 아세틸화해 아세틸살리실산(ASA)을 합성했다. '아스피린'의 이름은 아세틸의 'A'와 살리신을 함유한 식물인 메도우스위트(학명 Spiraea Ulmaria)의 'spir'에서 유래한 것이다.

멸에 효과가 있다는 사실을 발견했다. 그는 화합물을 딸의 패혈증 치료에 사용했고 결과는 대성공이었다. 도마크는 같은 화합물을 개발해 '설파제'라고 이름 붙였다. 설파제는 제2차 세계대전 중에 수많은 생명을 구했고 도마크는 그 공로를 인정받아 1939년에 노벨 생리학·의학상을 받았다(나치 정권의 탄압 때문에 실제로는 전쟁이 끝난 뒤에 수상했다). 그러나 그 후 항생제 만능 시대가 도래면서 설파제는 더 이상 사용되지 않았다.[24]

치명적인 독가스가 암 치료제로

제1차 세계대전에서는 화학 병기로 흔히 '겨자 가스'라고 불리는 이페리트ypérite가 사용되었다. 이 독가스가 피부에 닿으면 물집이 생기고 심한 통증과 조직의 괴사를 일으킨다. 그런데 제1차 세계대전이 끝난 후 실시한 조사에서 뜻밖의 사실이 밝혀졌다. 이페리트를 뒤집어쓴 병사는 백혈병 발병률이 낮았던 것이다. 그 후 연구를 통해 이페리트가 암세포의 세포 분열을 저해한다는 사실을 알게 되었다.[25]

이 발견을 기반으로 개발된 것이 '시스플라틴'cisplatin 등의 항암제다. 시스플라틴은 현재까지 수많은 종류의 암에 사용되고 있다. 독가

---

24 설파제는 항생제가 등장하기 이전에 널리 사용된 최초의 효과적인 항균제였다. 현재도 요로감염증이나 화상의 감염 예방에 사용하는 경우가 있는데, 항생제에 비해 항균 능력이 약하고 부작용도 비교적 많아 다른 항생제를 우선으로 사용한다.

25 이페리트의 유사체인 질소 머스터드가 개발되어 1942년에 처음으로 백혈병 환자에게 투여했다. 이것이 암 화학 요법의 시작이다.

스라는 어둠의 산물에서 탄생한 항암제는 지금 이 순간에도 많은 환자의 생명을 구하고 있다.

콜럼버스가 가져온 매독, 어떻게 치료했을까?

15세기에 신대륙을 발견한 크리스토퍼 콜럼버스는 유럽으로 매독을 가져오기도 했다. 매독은 매독균이라는 세균이 원인이 되어서 발병하는 감염증으로 성기 또는 피부에 궤양을 형성하고, 방치하면 신경계 또는 심혈관계에도 심각한 합병증을 일으킨다. 19세기에는 유럽 전역으로 매독이 번졌는데 효과적인 치료법이 없어 사람들이 절망에 빠졌다.

독일 화학자인 파울 에를리히 Paul Ehrlich 는 매독 치료제를 개발하기 위해 비소 화합물에 주목했다. 그는 화학 구조를 조금씩 바꿔 가며 수백 가지나 되는 화합물을 합성한 뒤 방대한 동물 실험을 통해 효과와 독성 검증을 거듭했다. 1909년, 마침내 606번째 화합물로 아르세노벤졸 arsenobenzol 이 함유된 '살바르산 606' salvarsan 606 을 개발하는 데 성공했다.[26] 살바르산 606은 매독 치료에 획기적인 성과를 가져왔지만 부작용이 강한 탓에 훗날 페니실린으로 대체되었다.

---

26 에를리히는 이 업적으로 1908년에 노벨 생리학·의학상을 수상했다. 그의 연구는 현대 의약품 개발과 면역학의 기초를 쌓는 데 중요한 역할을 했다.

진시황의 불로불사 꿈

먼 옛날부터 권력자들은 불로불사를 염원했다. 특히 중국에서는 한때 수은을 불로불사의 약으로 믿기도 했다. 수은은 상온에서 액체 상태를 유지하는 유일한 금속으로 그 신비한 성질과 백은색의 광채 때문에 사람들은 수은에 신비한 힘이 깃들어 있다고 생각했다. 진시황은 방술사를 전국으로 파견해 영원히 살게 해줄 약을 찾게 했다고 전해진다.[27]

그러나 수은은 강력한 신경독으로, 복용하면 심각한 중독 증상을 일으킨다. 또한 만성적으로 수은에 노출되면 손발 떨림이나 언어 장애, 나아가 정신 이상 증상이 나타난다. 진시황도 불로불사의 몸이 되고 싶어서 복용한 수은 때문에 49세라는 젊은 나이에 세상을 떠났다.[28]

수은이 불로불사의 약이 아닌 맹독이라는 사실이 밝혀진 것은 근대에 이르러서다. 19세기에는 모자 제작자가 모자를 만드는 과정에서 사용한 수은에 중독 증상을 보이는 것이 알려지면서 "모자 장수처

---

27 방술사란 신선의 술법을 다루고 불로불사를 손에 넣기 위한 방법을 추구하는 기술자 또는 주술사를 가리킨다. 방술사가 불로불사를 실현하기 위해 만들었다는 영약을 '단약'이라고 한다. 수은을 비롯한 납, 금, 은 등의 광물과 여러 약초를 원료로 사용해서 비밀스럽게 전해지는 기법과 복잡한 공정으로 만들었다고 한다.

28 중국의 역대 황제 중에는 수은 중독으로 목숨을 잃은 사람이 적지 않다. 한의 무제는 불로장수를 위해 수은을 복용한 결과, 정신 착란에 빠지고 시기와 의심이 강해져 수많은 사람을 숙청했다고 알려진다.

럼 미쳤다."Mad as a hatter라는 말도 생겨났다.[29] 현대에는 수은을 환경 오염 물질로 엄격하게 규제하고 있다.

불로불사의 시대가 온다

의약품 개발은 하루가 다르게 발전하고 있다. 20세기에는 화학 합성과 방사선, 20세기 말에는 유전자 조작과 인공 줄기세포 같은 혁신적인 기술이 등장해 의료와 의약품의 미래를 크게 바꿔 놓았다.

암세포만 공격하는 비밀 병기

방사선은 고에너지의 입자 또는 전자기파로, 대량으로 쬐면 인체에 유해하다. 그러나 이 성질을 역이용해서 암세포에 방사선을 집중적으로 쏘면 암 치료에 이용할 수 있다.

방사선을 의료에 사용하게 된 계기는 독일 물리학자인 빌헬름 뢴트겐Wilhelm Conrad Röntgen이 엑스선을 발견한 1895년으로 거슬러 올라간다.[30] 엑스선은 몸에 상처를 입히지 않고 내부를 투시할 수 있기 때문에 발견 즉시 의료 분야에서 진단에 이용되었다. 그 후 방사선이

---

29 수은 화합물을 사용해 펠트를 처리하는 과정에서 증기를 들이마시고 신경 장애나 신경 이상을 일으키는 사례가 줄을 이었다. 이런 형태의 수은 중독은 루이스 캐럴의 소설 《이상한 나라의 앨리스》에 등장하는 모자 장수 매드 해터의 모델이 되었다.

30 그 공적으로 1901년에 첫 번째 노벨 물리학상 수상자가 되었다.

세포에 끼치는 영향이 연구되었고 암세포를 파괴하는 효과가 밝혀지자 치료에도 응용하기 시작했다.

방사선 요법은 암세포뿐만 아니라 정상적인 세포에도 피해를 주지만 분열이 활발한 암세포에 더 큰 피해를 입힌다.[31] 방사선을 여러 번 나눠서 조사하면 정상 세포에 끼치는 영향을 억제하면서 암세포를 효과적으로 파괴할 수 있다. 또한 방사성 물질을 작은 캡슐에 넣어서 환부에 심는 방법도 있다.[32] 이렇게 하면 장기간에 걸쳐 방사선을 쏘는 것과 같은 효과를 얻을 수 있다.

내 몸을 스스로 고치는 iPS 세포

iPS 세포[33]는 일본 줄기세포 연구자인 야마나카 신야山中伸弥 교수가 개발한 인공 만능 세포로 야마나카 교수는 2012년에 노벨 생리학·의학상을 받았다.

우리 몸에는 다양한 세포를 만들어 내는 '줄기세포'라는 것이 존재한다. 그중에서도 수정란에서 만들어지는 배아 줄기세포(ES 세포)는 어떤 세포든 될 수 있지만 윤리적인 문제에서 이용이 제한된다.[34] 그

---

31 방사선은 세포의 DNA를 손상시켜 세포 분열을 방해해서 암세포를 사멸한다.

32 전립선암이나 자궁경부암 치료에 사용되며 몸에 주는 부담이 적다는 이점이 있다.

33 iPS 세포의 정식 명칭은 '유도 만능 줄기세포'다. 2006년에 야마나카 교수가 이끄는 교토대학교 연구팀이 생쥐의 피부 세포에서 최초로 만들었다. 'i'를 소문자로 적은 이유는 미국 애플의 휴대용 음악 플레이어 'iPod'(아이팟)처럼 널리 보급되기를 바라는 마음에서였다.

34 ES 세포는 수정란을 파괴해서 만들기 때문에 윤리적인 문제가 지적되어 왔다. 반면

래서 피부나 혈액 등의 세포에서 배아 줄기세포처럼 다양한 세포가 될 수 있도록 인공적으로 만들어 낸 것이 iPS 세포다.[35] iPS 세포를 사용하면 질병이나 부상으로 환자가 잃어버린 조직 또는 장기를 환자 자신의 세포에서 만들어 이식할 수 있다. 이로써 거부 반응이 적은 근본적인 치료가 가능해진다.

현재 전 세계에서 iPS 세포를 사용한 재생 의료 연구가 진행되고 있으며 추후 파킨슨병, 척수 손상, 망막 질환 등의 치료에 응용할 수 있을 것으로 기대된다. 이미 iPS 세포에서 만든 망막 세포를 이식하는 임상 연구가 일정 수준의 성과를 올리는 등 미래의 의료를 바꿀 준비를 하고 있다.

나만의 맞춤 의약품

맞춤 의약품은 환자 개개인의 유전 정보나 체질에 맞춰 만드는 주문 제작 의약품을 말한다. 기존의 약은 많은 사람에게 효과가 있도록 설계되어 있지만, 약의 효과나 부작용에는 개인차가 존재한다. 반면에 맞춤 의약품은 개인의 체질에 맞추기 때문에 더욱 효과적이며 부작용이 적다.

암 치료 분야에서는 환자 개개인의 유전자 변이에 맞춰 약제를 선

---

iPS 세포는 수정란을 사용하지 않고 만들 수 있어 윤리적인 문제를 피할 수 있다.

35 iPS 세포를 만들 때는 '야마나카 인자'라고 부르는 네 가지 유전자가 중요한 역할을 한다. 이 유전자를 도입하면 세포가 초기화되어 다양한 세포로 분화할 수 있는 능력을 획득한다.

택하는 '암 게놈 치료'가 주목받고 있다. 암세포의 유전자를 분석해 효과가 기대되는 약제를 특정함으로써 치료 효과를 높일 수 있다. 더불어 iPS 세포를 사용해 환자의 세포를 배양하고 그 세포로 약의 효과나 부작용을 검증하면 더욱 안전하고 효과적인 약을 개발할 수 있다.[36]

DNA를 조작해서 치료한다고?

우리 몸의 설계도는 이중 나선 구조를 가진 DNA[37]라는 긴 분자 속에 기록되어 있다. 이 설계도 중에서 실제로 몸의 정보가 적혀 있는 부분을 '유전자'라고 하며, 유전자는 인체를 만들 때 매우 중요한 역할을 한다.

유전자를 인공적으로 조작하는 기술을 '유전자 공학'이라고 부른다. 유전자 공학에는 유전자 재조합과 게놈 편집이라는 두 가지 방법이 있다. 유전자 재조합은 서로 다른 생물의 유전자를 조합해 새로운 성질을 지닌 생물을 만드는 기술로, 예상치 못한 영향이 나타날 수 있기에 일본에서는 일부 농산물을 제외하고는 사용을 금지하고 있다(한국에서도 생명윤리법 제47조 제1항에 의해 유전자 치료 및 연구에 엄격한 규제를 적용하고 있다—옮긴이).[38] 게놈 편집은 어떤 생물의 유전자 중

---

36 단, 맞춤 의약품은 기존 약에 비해 개발 비용이 높고 보험 적용에 제외되는 경우가 많아 환자의 경제적 부담이 크다는 문제가 있다.

37 DNA는 데옥시리보 핵산deoxyribo nucleic acid의 약칭으로 아데닌(A), 티민(T), 구아닌(G), 시토신(C)이라는 네 종류의 염기가 특정 배열로 나열되어 유전자 정보를 구성한다.

38 유전자 재조합 작물은 해충이나 병에 강하고 영양가가 높은 이점이 있지만 생태계에 끼칠 영향이나 안전성에 관한 우려 때문에 일본에서는 엄격히 규제하고 있다. 구체적

일부를 잘라내거나 배열 순서를 바꾸는 기술로 안전성이 높아 의료 분야에서 연구가 진행 중이다.

유전자 치료란 게놈 편집 기술을 이용해 유전자의 이상으로 생기는 병을 치료하는 방법이다. 병의 원인이 되는 유전자를 고쳐서 원래 상태로 되돌리거나 제거함으로써 병의 근본적 치료가 가능해질 것으로 기대된다.

과학의 진보와 인간의 존엄성

의료 기술의 발전은 과거 불치병으로 여겨졌던 암이나 유전자 질환 등의 치료를 가능케 했고, 인간의 수명을 연장했으며, 생활의 질을 향상시켰다. 그러나 한편에서는 윤리적 문제가 새로운 과제로 떠올랐다. 인공 동면이나 클론 기술은 더 이상 SF 세계의 이야기가 아니다. 이런 기술은 앞으로 수명을 비약적으로 늘리고 자가 복제를 가능케 할지도 모른다. 그러나 이것이 과연 인류의 바람직한 미래일까? 인간의 존엄성이나 개성의 가치, 사회의 바람직한 모습이 다시 논의될 가능성이 있다.

의료의 목적은 질병이나 부상으로 고통받는 사람을 구하고 건강하

으로는 식품안전기준법, 식품위생법, 카르타헤나법(유전자 변형 생물 등의 사용 규제에 따른 생물의 다양성 확보에 관한 법률) 같은 법률에 따라 유전자 재조합 식품의 안전성을 심사한다. 이 심사에 통과한 유전자 재조합 작물만이 식품으로 수입·판매가 가능하다. 또한 일본에는 유전자 재조합 식품에 대한 엄격한 표시 의무가 있다. 유전자 재조합 작물을 원재료로 사용할 경우, 반드시 식품 라벨에 내용을 기재해야 한다.

게 생활할 수 있도록 지원하는 것이다. 그러나 기술이 점차 발전해 그 목적이 모호해지고 윤리적인 경계선이 흐려지는 상황이 생겨나고 있다.[39] 예를 들어 iPS 세포 등의 재생 의료는 장기 이식 거부 반응 문제를 해결해 수많은 환자에게 희망을 주는 획기적인 기술이다.[40] 그러나 동시에 생명의 조작이나 인간의 존엄성 같은 윤리적인 문제도 발생한다. 우리는 의료 기술의 발전과 윤리를 양립시키고 인간다움을 존중하는 의료를 추구해야 한다.

---

39 의료 기술의 발전으로 인해 발생한 윤리적 과제의 예로 안락사나 존엄사 문제가 있다.

40 일본 이화학연구소의 연구팀은 2014년 iPS 세포에서 제작한 망막 세포를 환자에게 이식하는 수술을 세계 최초로 실시했다. 황반변성이라는 병을 치료할 목적으로 시행한 수술은 성공적으로 끝났고 이식된 세포는 무사히 정착했다. 수술 경과도 좋아서 이식한 세포에 대한 거부 반응이나 중대한 부작용은 보고되지 않았다.

인류는 역사 속에서 끊임없이 전쟁과 마주했다. 다른 동물을 사냥하고 때로는 동료마저도 공격하며 영토나 자원을 빼앗아 세력을 확장했다. 이런 싸움의 역사를 이야기할 때 절대 빼놓을 수 없는 존재가 '금속'이다. 금이나 은처럼 권력과 부를 상징하는 금속이 있는가 하면, 철처럼 무기나 도구가 되어서 문명을 발전시킨 금속도 있다.

근대의 문을 열고 현대 사회의 기초를 쌓은 산업 혁명을 이끈 것도 금속으로 만든 기계였다. 철은 지금도 우리의 생활을 뒷받침하고 있는 중요한 물질로 현대 또한 '철기 시대'의 연장선에 있다.

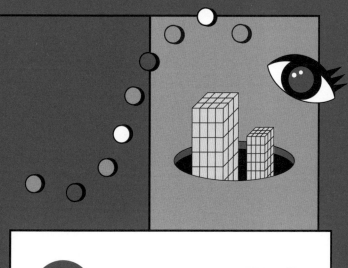

제3장

금속

현대의 기계 문명을 이끈 주역

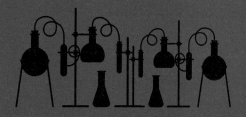

반짝임에 이끌린 인류의 역사

인류의 역사는 석기 시대, 청동기 시대, 철기 시대로 변천했다. 이 구분에서도 알 수 있듯이 금속은 인류의 역사에서 중요한 역할을 했으며, 기원전 15세기에 시작된 철기 시대는 지금까지 계속되고 있다.

늘어나고 펴지는 놀라운 금속

지구상에는 약 90종의 원소가 존재하는데 그중에서 약 70종이 금속 원소다.[1] 금속은 열이나 전기가 잘 통하는 성질(전도성)을 지니고 있으며 특유의 광택(금속광택)을 띤다. 또한 잡아당기면 가늘고 길게

---

1   나머지 약 20종은 수소와 헬륨 등의 비금속 원소다.

늘어나는 성질(연성)이나 두들기면 얇게 펴지는 성질(전성)도 지닌다.[2] 예를 들어 금 1그램은 3킬로미터까지 길이를 잡아 늘일 수도 있고, 두께 1만 분의 1미터까지 얇게 펼 수도 있다. 금속광택은 대체로 백은색인 것이 많지만 금과 같은 노란색이나 구리와 같은 붉은색을 띠는 금속도 있다.[3]

귀금속의 특징

금속을 분류하는 기준은 다양하다. 가장 일반적인 분류 방식은 금, 은, 백금 등의 귀금속과 그 밖의 비금속으로 나누는 것이다. 귀금속은 아름다운 광택을 지니며 화학적으로 안정되어서 잘 녹슬지 않고 이름처럼 희귀성이 높은 특징이 있다.

비중을 기준으로 금속을 나누기도 하는데 비중이 5 이상이면 중금속, 그 이하면 경금속이라고 부른다.[4] 최근에는 산업에 중요한 소재이면서 산출량이 적은 '희소금속'이나 그중에서도 특히 중요한 '희토류'로 분류되는 금속이 주목받고 있다.

---

2 금속의 전도성이나 광택은 '금속 결합'이라고 부르는 특수한 결합 양식에서 유래한다. 또한 연성과 전성은 금속 원자가 층상으로 나열되어 있어서 힘을 가해도 결합이 잘 끊어지지 않는 금속 결정의 구조에서 발생한다.

3 광택은 금속이 빛을 반사하는 성질 때문에 생겨난다. 금속의 종류에 따라 반사하는 빛의 파장이 다르기 때문에 다양한 색의 광택을 볼 수 있다.

4 비중은 금속의 종류에 따라 다르며, 그 값은 물질의 밀도를 나타낸다. 예를 들어 철의 비중은 약 7.87이고, 알루미늄의 비중은 약 2.70이다. 이 분류법은 편의적인 것으로, 티타늄은 비중이 4.51이지만 그 특성 때문에 중금속으로 분류한다.

과학적으로는 귀금속이라 하면 금, 은, 백금 외에 루테늄, 로듐, 팔라듐, 오스뮴, 이리듐의 여덟 종류를 가리킨다. 그러나 보석 장식품 업계에서는 금, 은, 백금 외에 금과 다른 금속을 섞어서 만든 합금인 화이트골드도 귀금속으로 취급한다. 화이트골드는 금 함량에 따라 가치가 달라진다. 함량을 나타내는 단위는 'K'(캐럿)로 24K는 순금, 18K는 75퍼센트, 14K는 58.5퍼센트의 금을 함유한다.[5]

깨물면 변하는 신비한 금

금은 희귀한 금속이지만 자연계에 단독으로 존재하는 까닭에 정련 기술이 발달하지 않았던 시대에도 쉽게 입수할 수 있었다. 그래서 어쩌면 인류가 최초로 손에 넣은 금속이었을지도 모른다. 금속은 대부분 공기 속에 있는 산소와 반응해 부식되거나 색이 변하지만 금은 잘 반응하지 않아 지표면에 순수한 상태로 존재하기도 한다.[6] 사금이 대표적인 예다.

금은 사금이나 자연 금괴(자연 상태로 발견되는 덩어리 형태의 금) 상태에서도 아름답게 빛난다.[7] 고대 사람들은 태양의 빛을 받아서 빛나는 금을 보고 태양의 화신이라고 생각했을지도 모른다. 그렇게 금

---

5 순금은 너무 무르기 때문에 장식품의 소재로 적합하지 않다. 그래서 다른 금속을 섞어 강도와 빛깔을 조정한 합금을 사용하는 것이 일반적이다.

6 철 등의 금속은 공기 속 산소와 반응해 산화철(녹)을 형성한다. 반면에 금은 화학적으로 매우 안정된 금속이며, 산이나 알칼리에도 잘 녹지 않는다.

7 금의 아름다운 광채는 높은 반사율에서 비롯된다. 금은 가시광선 중 파란색을 제외한 대부분을 반사하기 때문에 금색으로 보인다.

은 두려움과 권위, 존경의 상징으로 사람들의 마음속에 깊게 새겨져 왔다.

금은 무르다는 특성도 있다. 얼마나 무른가 하면 순금은 깨물면 모양이 변할 정도다. 그래서 가공이 쉬운 금속이기도 하다. 금속을 가공하는 방법으로는 가열해서 녹인 후 틀에 부어 넣는 '주조'와 두드려서 모양을 만드는 '단조'가 있다. 금을 주조하려면 섭씨 1,065도 이상의 고온이 필요하지만, 단조의 경우 단단한 돌로 두드리기만 해도 가늘고 얇게, 크게 만들 수 있다.

마을과 부족을 형성한 고대 사람들에게 금은 부족장의 권위와 신성함의 상징이었다. 부족장은 사람들에게 자연금을 모으게 했고, 금을 단조해 거대한 금상을 만들어 자신의 지위를 확립해 나갔다.

고대 문명과 황금

금제품의 등장은 기원전 6000년 수메르 문명까지 거슬러 올라간다. 기원전 5000년부터 3000년경 현재의 불가리아 근방에서 문자를 보유하지 않은 트라키아인이 고도의 금 정련 기술을 사용해 '황금 문명'이라고 불리는 문명을 구축했다.[8]

고대 이집트의 파라오였던 투탕카멘의 묘에서는 110킬로그램이나 되는 호화찬란한 금제품이 출토되어 세상을 깜짝 놀라게 했다. 이집

---

8 1972년에는 그들의 집단 묘지 유적에서 수 킬로그램에 이르는 황금 제품과 정교하게 만든 왕의 가면이 발굴되었다.

트의 금은 대부분 나일강에서 채굴한 사금으로 채굴 규모가 당시 파라오의 절대적인 권력을 보여준다.

기원전 2000년경에는 주조, 돋을새김, 금박, 상감 등 오늘날 금공예에 사용되는 모든 기술이 이미 완성의 경지에 올랐다고 전해진다. 투탕카멘의 황금 가면은 정면이 순도 약 94퍼센트, 측면이 순도 약 77퍼센트의 금으로 만들어져 있는데 그 순도는 3000년 후에 일본에서 제작된 금화인 '게이초 오반'(순도 약 67퍼센트)과 비교해도 놀라운 수준이다.[9] 이는 고대 이집트의 정련 기술이 뛰어났음을 증명한다.

한편 그리스 미술이라고 하면 하얀 대리석으로 만든 조각이나 신전 건축을 떠올리는 사람이 많다. 그러나 파르테논 신전은 완공 당시 지금과 완전히 다른 모습이었다. 박공 조각(건물의 경사진 지붕 끝부분에 장식적으로 처리된 부분)은 화려한 색으로 칠해져 있고 중요한 부분은 금박으로 덮여 빛났다고 한다. 게다가 신전에는 높이 10미터가 넘는 아테나 여신상이 장식되어 있었는데 몸 부분은 상아로, 옷은 황금으로 만들었다고 전해진다.

---

9 게이초 오반은 도쿠가와 이에야스가 일본 내의 경제 안정과 통일을 꾀하고자 주조한 고순도 금화다. 당시의 일본 금화 중에서 순도가 가장 높았으며 주로 포상과 선물용으로 사용되었다.

금을 만들겠다는 연금술의 꿈과 현실

연금술은 비금속을 금이나 은 등의 귀금속으로 바꾸는 기술을 말한다. 그 기원은 고대 이집트와 메소포타미아이며 중세 유럽에서 활발히 연구되었다. 영주와 왕후는 부와 권력을 추구했고 연금술사는 연금술을 이용해 부와 명성을 손에 넣으려 했다. 그러나 연금술이 성행했던 시대에는 물질의 원소 구성에 관한 지식이 없었던 까닭에 연금술사는 과학적 근거 없이 시행착오를 반복하며 실험했다.

그러나 연금술사의 노력이 전부 무의미한 것은 아니었다. 그들은 실험 기구를 개발하고 화학 반응을 관찰하며 화학의 기초 지식을 쌓았다. 20세기에 들어서자 퀴리 부부의 연구를 통해 원소가 변화한다는 사실이 밝혀졌다.[10] 오늘날에는 원자로에서 수은에 중성자를 투사해 금을 만들 수도 있다. 다만 비용이 막대해 실용화에는 이르지 못했다.

연금술은 못다 이룬 꿈이 되었지만 그 과정에서 얻은 지식과 기술은 현대 과학의 초석이 되었다. 연금술사들은 꿈 같은 목표를 향해 노력을 거듭한, 어떤 의미에서는 진지한 과학자였다고 할 수 있을지도 모른다.

잉카 제국의 황금 문명과 몰락

남아메리카 페루를 중심으로 하는 안데스산맥에는 1만 년 전부터

---

10 퀴리 부부는 방사성 원소의 연구를 통해서 원소가 붕괴해 다른 원소로 변화한다는 사실을 발견했다.

고도의 안데스 문명이 번성했다. 안타깝게도 문자가 없었던 탓에 상세한 역사는 수수께끼에 쌓여 있다.

1세기경부터 안데스 각지에서는 다양한 문명이 흥망을 거듭했다. 그러다 15세기에 잉카인이 주변 국가를 정복하고 잉카 제국을 건설했는데, 유라시아 대륙과 교류가 없었기 때문에 그들의 문명은 독자적으로 발전했다. 잉카 제국에는 문자, 철기, 화기는 물론이고 수레바퀴의 개념조차 없었다. 그러나 한편으로는 뇌외과 수술이 시행된 흔적이 발견되는 등 고도의 의료 기술이 존재했다. 특히 그들의 금세공 기술은 탁월한 수준으로 방대한 양의 정교한 금제품을 남겨 세계를 놀라게 했다.

16세기 초 잉카 제국은 전례 없는 위기에 직면했다. 스페인 정복자들에 의해 천연두가 유입되어 면역이 없는 원주민들 사이에서 급속도로 번졌다. 그 결과, 불과 수년 만에 잉카 제국 인구의 절반가량이 목숨을 잃은 것으로 추정된다.

1533년에는 황제 아타우알파Atahualpa가 처형당하고 제국 전역의 금제품을 약탈당했다. 황금빛으로 빛나던 잉카 제국은 이렇게 허무하게 역사의 무대에서 퇴장하고 말았다.[11]

---

11 프란시스코 피사로Francisco Pizarro가 이끄는 스페인군의 잉카 제국 정복은 스페인에 막대한 부와 영토를 안기며 세계 제국으로 지위를 확립하는 데 결정적인 역할을 했다. 이때 잉카 제국의 감자와 옥수수, 토마토 등이 유럽으로 전해져 전 세계로 퍼져 나갔다.

왜 아시아는 금에 빠졌을까?

아시아에서도 금은 고귀하고 아름다운 금속으로 귀중하게 여겨졌다. 특히 일본에서는 금을 불교 미술과 건축에 적극적으로 사용했다. 8세기에 건립된 나라의 대불은 전신이 금으로 뒤덮여 있었고,[12] 12세기에는 이와테현에 곤지키도金色堂(금색당)가 건립되었다. 또한 무로마치 시대(1336~1573)에는 안팎에 금박을 아낌없이 사용한 긴카쿠지金閣寺(은각사)가 건립되었다.[13] 에도 시대에 들어서자 금은 금화로서 경제를 지탱하는 중요한 역할을 담당하게 되었다. 다만 금화를 중요시했던 곳은 에도(도쿄)를 중심으로 한 지역이었고 오사카 등의 지역에서는 은화를 더 중요하게 생각했다.

중국에서도 금을 미술품과 공예품에 사용했으며 높은 기술 수준을 자랑했다. 베이징 고궁박물원에 전시된 금 밥그릇, 물 주전자, 장식품 등이 당시의 풍요로운 궁정 문화를 보여준다. 베트남과 태국에서는 불상에 금박을 붙이는 것이 공덕을 쌓는 행위라고 생각해 황금으로 만든 불상을 중요하게 여겼다.

---

12 나라의 대불(도다이지 노사나불상)은 8세기에 쇼무 덴노의 발원으로 건립된 일본 최대의 금동불상이다. 당시의 일본은 역병의 유행과 내란 등으로 사회 불안이 확산되고 있었기 때문에 불교의 힘으로 국가를 지키고 사람들의 마음을 안정시키고자 했다. 약 80년에 걸쳐 완성되기까지 약 437킬로그램의 금이 사용되었는데(현재의 가치로는 50억 엔이 넘는다), 무쓰국(현재의 도호쿠 지방)에서 발견된 금이 큰 역할을 했다고 전해진다.

13 곤지키도와 긴카쿠지의 사리전에는 각각 약 20킬로그램의 금이 사용되었을 것으로 추정된다.

구리, 청동, 황동에 숨겨진 공통점

청동은 구리와 주석의 합금으로 녹슬면 이름처럼 청록색이 된다. 청록색은 구리가 산화해 생성되는 물질이며 '녹청'이라고 부른다. 다만 본래의 색은 갈색에 가깝다. 일본 가마쿠라 지역과 나라 지역의 대불 색이 다른 것이 좋은 예다.[14]

무기를 만들 때 구리를 못 쓰는 이유

구리는 자연계에서 순수한 형태로 존재하므로 고대 사람들도 구리의 존재를 알고 있었을 것으로 생각된다. 하지만 구리는 무른 금속이기 때문에 무기로 사용하기에는 강도가 충분치 않아 다른 금속과 섞어 합금을 만들어야 했다. 주석은 녹는점이 낮아서 구리와 함께 가열하면 간단히 녹으며 그 결과 청동이 만들어진다. 청동은 기원전 3300년경부터 널리 이용되기 시작했다.[15]

청동은 '브론즈'라고도 불리며 구리와 주석의 혼합 비율에 따라 검

---

14 가마쿠라의 대불(고토쿠인 대불)은 야외에 설치된 까닭에 청동이 산화해서 표면에 녹이 생성된 결과 청록색이 되었다. 반면 나라의 대불(도다이지 노사나불)은 건물 내부에 안치돼 산화가 거의 진행되지 않아 청동의 본래 색인 갈색에 가까운 색을 유지하고 있다.

15 청동기 시대(기원전 3300~1200경)에는 메소포타미아, 이집트, 인더스, 황허 등 수많은 고대 문명이 번성했다. 이 시기에는 무기와 공구의 제조 기술이 발달했고 청동기가 널리 사용되었다. 일본에서는 조몬 시대 후기(기원전 2000~1000경)부터 청동기를 사용했지만 본격적인 청동기 문화는 야요이 시대(기원전 10세기경~기원후 3세기경)에 중국, 한반도와의 교류가 증가하면서 발전했다. 야요이 시대에는 청동기와 철기 기술이 전해져 벼농사도 시작되었다.

은색에 가까운 갈색부터 금색, 은색에 가까운 색까지 다양한 색이 나타난다. 또한 청동의 경도는 구리보다 단단해 주석의 비율로 경도를 조정할 수 있다. 그래서 무기, 불상, 제사 도구 등 용도에 맞춰 최적의 경도로 조정한다.

중국에서는 청동을 '양금'良金, 철을 '악금'惡金이라고 불렀다고 한다. 가공이 쉽고 다양한 용도로 사용할 수 있는 청동의 유연성을 높게 평가한 것이다.

동전부터 스마트폰까지, 구리의 변신

구리는 전기와 열을 잘 전달해 전선이나 조리 기구 등에 널리 이용되고 있다.[16] 또한 다른 금속과 섞은 합금으로도 다양하게 쓰인다. 대표적인 구리 합금인 청동은 일본의 10엔 주화나 선박의 스크루 등에 사용된다(한국의 10원 주화는 과거에 황동을 사용해서 만들었으며, 현재는 구리도금 알루미늄을 사용한다—옮긴이). 황동(놋쇠)은 구리와 아연의 합금으로 색이 아름답고 가공성이 뛰어나 5엔 주화, 금관 악기, 수도관 등 분야에서 사용된다.

구리와 니켈의 합금인 백동은 부식에 강하고 물리적 압력를 잘 버텨서 스마트폰과 가전 제품 속 전자 부품, 50엔과 200엔 주화에 사용

---

16 구리는 전기 저항이 낮아 전기를 손실 없이 전달할 수 있다. 그래서 전선이나 전자 부품 등 전기 전도성이 중요한 제품에 구리를 이용한다. 또한 열전도율이 높아 열을 효율적으로 전달하기 때문에 열 교환기나 발열판 등에 널리 이용된다.

된다(한국의 100원과 500원 주화도 백동을 사용해서 만든다 — 옮긴이). 양은은 구리, 니켈, 아연을 섞은 합금으로 아름다운 은백색과 뛰어난 가공성에서 500엔 주화, 서양 식기, 의료 기구 등 폭넓은 용도로 이용된다.

이처럼 청동을 비롯한 다양한 구리 합금은 고대부터 현대까지 생활의 다양한 곳에서 중요한 소재로 활약하고 있다.

일본도에서 에펠탑까지, 철의 예술

철은 반응성이 높은 금속이다. 공기에 노출된 채로 방치하면 산화되어 산화철인 붉은 녹이 발생하고 결국 부서진다. 산화철이나 황화철 형태로 존재하는 철광석에서 순수한 철을 추출하는 제철 과정에는 많은 에너지가 필요하다.

철로 세상을 정복한 히타이트족은 왜 멸망했을까?

처음으로 철을 만든 인류는 기원전 15세기~12세기경의 히타이트족으로 알려져 있다. 그들은 철로 만든 무기를 사용해 주변 지역을 정복했는데, 번영은 오래 지속되지 못했다. 그 이유는 아이러니하게도 제철로 인한 환경 파괴였던 것으로 생각되고 있다. 철광석에서 산소를 제거해(환원) 철을 추출하려면 환원제로 다량의 목탄이 필요하며, 다량의 목탄을 구하기 위해서는 광대한 삼림을 벌채해야 한다. 결국 히타이트족은 철 생산을 위해 삼림을 지나치게 훼손한 결과 국토가 황폐해져 멸망한 것으로 추정된다.[17] 일본에도 제철과 환경 파괴를 암시하는 전설이 있다. 바로 야마타노오로치 전설이다. 이 이야기는 제철을 위해 삼림을 파괴한 결과 자연재해가 발생했지만 온난한 기후 덕분에 식생이 회복되었다는 것을 시사한다.

한편 중국은 히타이트족보다 먼저 철기 제조 기술을 알고 있었음에도 철기 시대로 늦게 이행했다. 아마도 중국제 청동기의 성능이 매우 뛰어나서 철기의 필요성을 느끼지 못했기 때문이라고 생각된다. 만약 중국이 일찌감치 철기 시대로 이행했다면 삼림 파괴가 진행되어 황허 유역의 환경이 더욱 악화됐을지도 모른다.

이처럼 철은 문명의 발전에 없어서는 안 될 소재지만 제조 공정에서 환경에 큰 영향을 끼친다는 문제점도 있다. 인류에게 철은 양날의 검이라고 말할 수 있다.

철이 강철로 바뀌는 제철의 마법

현대의 제철 방법은 19세기 스웨덴에서 개발된 '스웨덴법'을 주로 사용한다.[18] 이 방법은 용광로에 철광석과 코크스coke(석탄을 쪄서 만든 것)를 번갈아서 쌓은 다음, 아래에서 가열해 철을 생산한다. 코크

---

17 기후 변동, 주변 민족의 침입, 내분 등 여러 요인이 복합적으로 작용했을 것으로 추정되며 여러 가지 설이 있다.

18 스웨덴은 순도 높은 철광석과 삼림 자원이 풍부해 오래전부터 철강 산업이 활발했다.

스가 연소되면 일산화탄소가 발생하고, 이 일산화탄소가 철광석으로부터 산소를 빼앗아 이산화탄소로 변한다. 철광석은 그 과정에서 환원되어 순수한 철(금속철)이 된다.

이 단계에서 얻은 철을 '선철', 선철을 녹여서 거푸집에 부어 재가공한 것을 '주철'이라고 부르는데, 둘 다 탄소 함량이 높아 단단하고 잘 깨지기 때문에 그대로 사용할 수 없다.[19] 그래서 등장한 것이 '전로'轉爐다. 녹은 주철을 전로에 넣고 바닥에서 공기를 불어 넣으면 탄소가 연소되어 이산화탄소가 제거된다. 그 결과 탄소 함량이 감소해 강하고 유연한 강철을 얻을 수 있다. 전로라는 이름은 주철을 강철로 전환한다는 데서 유래했다. 이러한 스웨덴법에 의해 현대 사회를 지탱하는 대량의 강철이 효율적으로 생산되고 있다.

기계를 만든 철

18세기 중반에 일어난 산업 혁명은 기계 공업의 시작을 알렸다. 산업 혁명은 자연 에너지와 목제木製 도구를 사용했던 기존의 생산 시스템에서 화석 연료와 철제 기계를 사용한 대량 생산 시스템으로 바꿔 놓았다.

산업 혁명을 위해서는 양질의 강철이 대량으로 필요했다. 기존의

---

19 선철은 탄소 함량이 2~4퍼센트이며 주물 등의 원료로 사용된다. 주철의 탄소 함량은 2~4.5퍼센트 정도로, 딱딱하고 깨지기 쉽지만 복잡한 형상의 제품을 만드는 데 적합해 기계 부품이나 건축 재료로 이용된다.

주철은 탄소 함량이 높아 단단하지만 쉽게 깨지기 때문에 산업 혁명에서 필요한 대규모 에너지를 처리하는 데 적합하지 않았다. 그래서 반사로를 사용해 주철에서 탄소를 제거하여 강하고 유연한 강철을 제조했다.

반사로는 내화 벽돌로 만든 방에서 주철을 녹이고, 다른 방에서 석탄을 태우며 반사판으로 그 열을 주철에 전달해 탄소를 연소시키는 구조다. 1886년에 파리의 에펠탑이 건설될 무렵에는 반사로에 창을 설치하고 그곳으로 봉을 집어넣어 사람의 힘으로 녹은 철을 휘저었다. 이렇게 해서 만든 철을 '연철'이라 불렸으며 에펠탑도 연철로 만든 것으로 추정된다.[20]

일본의 전통 제철법

일본의 전통적인 제철법은 '다타라 제철법'으로 불린다. 이것은 발로 밟는 방식의 풀무(불을 피울 때 바람을 일으키는 기구)인 '다타라(골풀무)'를 사용해서 화로에 공기를 불어 넣어 목탄을 연소시킴으로써 사철이나 철광석을 환원해 철을 얻는 방법이다. 다타라 제철법의 경우 용광로 속에 철광석과 목탄을 번갈아서 쌓아 올린 뒤 사흘에 걸쳐 가열한다. 용광로가 식으면 생성된 덩어리인 '즈쿠'를 깨서 '옥강'과 그밖의 부분으로 나눈다. 여기에서 옥강은 일본도의 재료로 사용하고

---

20 에펠탑은 1889년 파리 만국 박람회를 위해서 건설되었다. 약 1만 8,000개의 철 부품을 사용했으며 250만 개의 리벳(철골에 사용하는 못)을 사용해서 접합했다.

그 밖의 부분은 두드려서 탄소량을 줄인 뒤 일반적인 강철로 이용했다. 이 공정을 '즈쿠오시'鉧押し 라고 부른다.

또 다른 제철법으로 '게라부키'鉧吹き 혹은 '다타라부키'たたら吹き 라고 부르는 방법이 있다. 이 방법은 기술자의 솜씨에 의지하는 부분이 크며 상세한 공정은 알려지지 않았는데, 철광석을 나흘 동안 가열하고 마지막 날에 고온으로 만들어 탄소를 제거함으로써 단번에 양질의 강철을 얻는다. 그러나 온도 관리가 어려워서 기술자가 용광로에 뚫은 작은 구멍으로 내부의 상태를 들여다보며 온도를 판단해야 했다. 이 때문에 수많은 기술자가 시력을 잃었다고 전해진다.

다타라 제철법은 일본도의 필수 재료인 옥강을 만들어낼 뿐만 아니라 일본의 철 문화를 뒷받침해 온 중요한 기술이다. 그러나 근대적인 제철법이 등장함에 따라 현재는 한정된 지역에서 전통 기술로 계승되고 있다.

일본도는 왜 부러지지 않을까?

일본도는 '부러지지 않는다', '구부러지지 않는다', '잘 베인다'라는 언뜻 모순되어 보이는 세 가지 특성을 겸비한 철의 예술품이다. 이런 특성을 실현하기 위해서는 칼 몸체가 유연하면서도 단단해야 한다. 일본도 장인들은 이런 모순을 해결하기 위해 독자적인 구조와 제조 기술을 고안했다. 칼 몸체의 바깥쪽에는 단단한 강철을, 안쪽에는 유연한 강철을 사용하고 칼날 부분만 담금질해 단단함과 유연성을 동시에 지녔다.

일본도의 제조 공정을 살펴보면, 먼저 얼추 만든 칼 몸체에 점토를 발라서 용광로에 집어넣고 고온으로 가열한다(담금질). 이때 칼날 부분에는 점토를 얇게, 다른 부분에는 점토를 두껍게 발라 담금질할 때 온도 차가 발생하도록 한다. 그러면 고온으로 담금질 된 칼날 부분은 단단해지고 다른 부분은 인성(외부에서 힘을 받아도 변형되지 않고 견디는 성질)을 유지하기 때문에 칼 몸체가 아름다운 호를 그리며 휘어지게 된다. 마지막으로 연마사가 칼 몸체를 정성껏 연마하면 일본도가 완성된다.

다만 이런 복합 구조의 일본도가 등장한 것은 비교적 최근의 일이다. 가마쿠라 시대 이전의 일본도는 한 종류의 강철로 만들었다는 설도 있다. 복합 구조의 일본도는 연마하면 외부의 단단한 강철이 닳아서 칼의 기능을 잃게 될 위험성이 있기 때문이다.

일본도는 긴 역사 속에서 기술 혁신을 거듭하며 아름다움과 기능을 추구해 온 일본이 자랑할 만한 공예품이다.[21]

---

21   명성이 높은 일본도는 다음과 같다. 센고 무라마사가 만든 '무라마사'는 예리함과 독특한 아름다움으로 유명하다. 비젠국 오사후네 지역에서 제작된 '비젠오사후네'는 뛰어난 장인들이 만든 고품질의 일본도다. 사가미국의 명공 마사무네가 만든 '마사무네'는 물결무늬의 아름다움과 예리함으로 명성이 높으며 일본도 중에서도 최고봉으로 평가받는다.

경금속과 중금속의 위험한 매력

금속이라고 하면 무겁고 단단하다는 이미지가 있지만 맥주 캔처럼 가볍고 말랑말랑한 금속도 있다. 앞서 말했듯 비중 5를 기준으로 그보다 무거운 것을 중금속, 가벼운 것을 경금속으로 분류한다.

독을 품은 중금속

금은 비중이 19.3으로 철의 약 3배에 이르는 매우 무거운 금속이다. 귀금속인 이리듐과 오스뮴은 더 무거워서 비중이 22.6이나 된다. 중금속 중에는 수은이나 카드뮴처럼 공해를 일으키는 것도 있다. 납, 우라늄, 플루토늄 등도 인체에 유해한 물질로 악명이 높다.

중금속의 무서운 점은 몸속에 계속 축적되며 일정량을 초과하면 중독 증상을 일으킨다는 점이다.[22] 일본의 도야마현에서 발생했던 이타이이타이병은 카드뮴의 축적이, 구마모토현에서 발생한 미나마타병은 수은의 축적이 원인으로 여겨진다.

폭발하는 경금속

한편 경금속 중에는 물에 뜰 만큼 가벼운 것도 있다. 리튬이나 나트륨은 비중이 1 이하로 물보다 가벼워서 물에 넣으면 떠오른다. 그

---

[22] 중금속이 몸속에 축적되어 일정량을 초과해 중독 증상을 일으키는 것을 만성 중독 또는 만성 중금속 중독이라고 한다.

러나 이런 경금속은 물과 격렬히 반응해 수소 가스를 발생시켜 폭발할 위험이 있다. 알루미늄이나 마그네슘도 산이나 알칼리, 고온의 물과 반응해 수소 가스를 발생시키므로 조심해서 다뤄야 한다. 경금속은 경량화나 에너지 절약의 관점에서 앞으로 수요가 더욱 증가할 것으로 예상되는데 이러한 높은 반응성에 충분히 주의하며 안전하게 이용해야 한다.

바닷속에서만 구할 수 있는 희소금속

희소금속이란 현대의 과학 산업에 중요한 금속이면서 산출량이 적어 입수가 어려운 금속을 가리킨다. 희소금속 종류는 각 나라별 산업 특성과 정책을 반영해 독자적으로 분류하고 있다.

일본의 경우 희소금속은 47종이 있으며, 그중 17종은 희토류로 불린다(한국은 총 35종을 선정해 관리하고 있다. 2021년 기준―옮긴이). 희토류는 자성, 발색성, 발광성 등 다양한 특성이 있어 현대의 과학 연구와 산업에 없어서는 안 될 존재가 되었다.

희소금속의 역할

희토류 이외의 희소금속은 주로 철과 섞어 합금으로 만들었을 때 경도, 내열성, 내산성 등을 높이는 숨은 공신으로 활약한다. 예를 들어 크롬이나 니켈은 스테인리스강을 만드는 데 사용되며, 텅스텐이나 몰리브덴은 고경도강을 만드는 데 꼭 필요하다.

희토류는 자석, 발광체, 레이저, 촉매 등 최첨단 기술 분야에서 폭넓게 이용된다. 앞으로 희토류의 새로운 기능이나 용도가 발견된다면 그 중요성은 더욱 커질 것이다.

일본 심해에 잠들어 있는 희소금속

일본의 배타적 경제 수역EEZ 내에 위치한 미나미토리섬 연안의 심해에는 2억 톤이 넘는 망간 단괴가 존재하는 것으로 알려져 있다. 망간 단괴는 바다 깊은 심해에서 발견되는 광물 자원으로 주성분은 망간과 철이다. 주먹 크기의 작은 공 모양으로 코발트와 니켈이 각각 1퍼센트 이하로 들어 있다. 해저에 가라앉은 물고기의 뼈, 조개껍데기, 암석 조각 등을 핵(중심부의 씨앗 역할을 하는 물질)으로 삼아 수백만 년에서 수천만 년에 걸쳐 금속이 불규칙하게 붙었다 떨어졌다 하면서 형성된 것으로 추정된다.

주목해야 할 것은 망간 속에 들어 있는 코발트와 니켈 등의 희소금속이다. 코발트는 리튬 이온 전지와 항공기 엔진에, 니켈은 리튬 이온 전지와 스테인리스강을 만드는 데 필요한, 현대 사회의 기술 발전을 뒷받침하는 중요한 금속이다. 육상의 광산에서는 코발트와 니켈을 얻을 수 있는 양이 제한되어 가격 급등과 공급 불안이 우려되기 때문에 망간 단괴가 새로운 자원으로 기대를 모으고 있다.[23]

23　일본은 빠르면 2026년에 망간 단괴의 대규모 채취를 시작할 방침이다.

미나미토리섬 연안의 해저에는 코발트, 니켈, 망간 등의 귀중한 희소금속을 풍부하게 함유한 '코발트 리치 크러스트'cobalt rich crust 와 하이테크 제품을 만들 때 없어서는 안 되는 희토류를 함유한 '희토류 진흙'도 잠들어 있다. 이런 귀중한 광물 자원이 풍부하게 존재하는 미나미토리섬은 세계에서도 손꼽히는 해저 광물 자원의 보물 창고로 주목받고 있다.

희소금속의 시대는 언제까지 이어질까?

희소금속의 지위가 앞으로도 지금과 같으리란 보장은 없다. 비결정성 금속이나 금속 나노 입자 등 새로운 금속 재료가 개발되고 있기 때문이다.[24] 여기에 탄소 화합물도 금속의 대체 재료로 주목받고 있다. 이를테면 군인의 헬멧에도 사용되는 단단한 플라스틱이나 전기를 전달하는 유기 전도체, 유기 초전도체, 유기 자성체 등이 과거 금속의 독무대였던 분야에 진출하고 있다.[25] 이런 '신금속'이 등장함에 따라 앞으로는 희소금속의 필요성이 낮아질 가능성도 있다.

---

24 비결정성 금속은 규칙적인 결정 구조를 갖지 않는 비정질 금속으로, 강도와 경도가 높고 자성과 내식성이 뛰어난 것이 특징이다. 또한 금속 나노 분자는 지름이 1~100나노미터인 아주 작은 금속 입자로, 표면적이 크고 독특한 광학 특성을 가지며 강력한 촉매 효과를 낸다. 이들 신소재는 의료, 환경 기술, 전자 공학 등 다양한 분야에서는 응용이 기대되며 미래 기술 혁신과 지속 가능한 발전에 크게 공헌할 것으로 생각된다.

25 금속은 고강도, 연성(가늘고 길게 늘어나는 성질), 전기·열전도성, 내구성을 지녔지만 무겁고 잘 부식되며 자원이 유한하다는 단점이 있다. 반면에 탄소 화합물은 금속에 비해 가볍고 내식성이 뛰어나며 자원도 풍부하다.

세라믹은 물질이라고 불러야 할지 제품이라고 불러야 할지 경계선이 모호하다. 흙벽돌 같은 소박한 소재부터 일본 조몬 시대의 화염형 토기 같은 예술성이 높은 제품까지, 세라믹은 인류의 역사 속에서 다양한 모습을 보여 왔다.

오늘날에도 콘크리트나 유리 같은 세라믹은 우리 사회에 없어서는 안 될 존재다. 그 중요성을 높이 인정해 현대를 '철기 시대'가 아니라 '신석기 시대'라고 부르는 연구자도 있을 정도다. 여기에 동물의 뼈도 세라믹의 일종이라고 생각하면 세라믹의 범위는 어마어마하다.

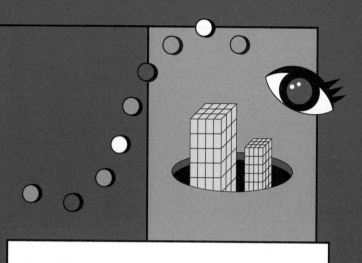

제4장

세라믹

천연 암석에서 탄생한 사회 인프라

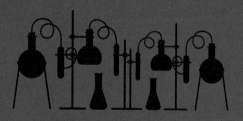

문명을 지탱해 온 단단함

세라믹은 소성燒成(고온에서 가열하여 단단하게 만드는 과정) 또는 가열을 통해서 만들어진 무기 화합물로, 금속이나 플라스틱과 함께 현대 사회를 뒷받침하는 3대 재료 중 하나다.[1] 우리 주변에는 도자기, 유리, 벽돌, 시멘트 등 세라믹이 넘쳐난다. 쉽게 설명해서 철과 알루미늄 등의 금속, 플라스틱과 목재 등의 유기물을 제외한 모든 재료가 세라믹이다.

---

1 무기 화합물은 탄소 원자를 골격으로 삼지 않는 화합물의 총칭이다. 일산화탄소, 이산화탄소, 탄산칼슘 등 탄소를 함유한 일부 화합물도 무기 화합물에 포함된다. 세라믹은 금속이나 플라스틱에 비해 내열성, 내약품성, 전기 절연성 등이 우수하다.

불에 탄 흙이 만든 기적

세라믹의 기원은 지구의 암석까지 거슬러 올라간다. 화산 분화로 생긴 용암이 식어서 굳은 암석이나 지압과 지열 때문에 변성된 퇴적암도 넓은 의미에서는 세라믹의 일종이다.[2]

인류는 비바람과 맹수로부터 몸을 지키기 위해 동굴(석회암 등의 암석)이라는 천연 세라믹 구조물에서 살았다. 이윽고 비에 젖은 진흙이 마르면서 굳는 현상을 발견한 후 흙벽돌을 만들기 시작했다. 이것이 인류가 인공적으로 만든 최초의 세라믹이라고 할 수 있다. 흙벽돌을 쌓아 올리면 집이 됐고 형태를 바꾸면 그릇, 항아리, 인형 등 다양한 도구로 새롭게 태어났다.

그러던 어느 날, 인류는 화재로 인해 불에 탄 흙벽돌이 더욱 단단하게 변한 것을 발견했다. 소성 토기가 탄생한 순간이다. 소성을 통해 얇고 튼튼한 토기를 만들 수 있게 되자 토기의 용도는 단숨에 확대되었다. 또 얼마 후 우연히 소성된 토기에 장작의 재가 달라붙어 유리질의 막이 형성되는 것을 알게 되었다. 유약(잿물)을 발견한 것이다.

유약은 점토를 고온으로 소성할 때 표면에 바르면 유리질층을 형성해 그릇의 강도, 방수성, 장식성을 높인다. 이로써 인류는 다양한 식물의 재와 흙을 섞음으로써 색이나 광택이 풍부한 아름다운 도자기

---

2   지구의 암석은 주로 규소와 알루미늄 등의 무기 화합물로 구성된다. 화성암은 화강암
    과 현무암이 대표적이며, 퇴적암은 흙 또는 진흙 등이 퇴적해서 생긴 암석으로 사암과
    혈암(셰일)이 대표적이다.

를 만들 수 있게 되었다.

유약 자체를 가열하자 비로소 투명한 유리가 탄생했다.[3] 유리는 거울, 창, 렌즈 등 다양한 용도로 사용되며 19세기 말 프랑스에서는 '아르누보'라고 부르는 유리 공예가 꽃을 피웠다.[4] 이처럼 세라믹은 인류의 진화 그리고 기술 혁신과 함께 발전했다.

경이로운 내열성과 가능성

세라믹의 가장 큰 특징은 경이로운 수준의 내열성이다.[5] 일반적인 산화알루미늄(알루미나)도 3,030도까지 열을 견디며, 붕화티타늄은 태양의 흑점 온도(약 4,000도)에 맞먹는 3,980도의 고온을 견뎌낸다. 게다가 탄화규소(실리콘 카바이드)나 시알론을 사용하면 태양의 표면 온도인 6,000도를 견뎌낼 수 있다. 이 내열성을 이용해 철이나 유리를 녹이는 고온로를 만든다. 즉, 세라믹이 없으면 우리 생활에 필요한 소재도 존재하지 못하는 것이다. 불연성 벽재나 우주 왕복선의 내열 타일 등에도 세라믹이 활용된다.

---

3 유리는 유약의 성분을 조정해 고온에서 용융·냉각해 만든다. 고대 이집트와 메소포타미아에서는 기원전 3000년경부터 유리 제품을 만든 것으로 추정된다.

4 아르누보는 19세기 말부터 20세기 초에 걸쳐 서양에서 유행했던 미술·건축 양식으로 자연계의 유기적인 형상과 매끄러운 곡선이 특징이다. 산업 혁명을 통해 탄생한 철과 유리의 새로운 제조 기술 발전과 도시화의 진행이 아르누보의 발생 배경으로 알려져 있다. 에밀 갈레Émile Gallé와 르네 랄리크René Lalique 등의 예술가가 자연을 모티프로 삼은 작품을 제작했으며, 일상생활에 아름다움을 도입한 종합 예술로 평가받는다.

5 세라믹의 내열성은 구성 원소 사이의 결합이 강력할수록, 결정 구조의 안정성이 높을수록 좋다.

세라믹은 내열성뿐만 아니라 기계적 강도, 경도, 내마모성도 우수하다. 대표적인 예로 탄화붕소, 탄화규소, 알루미나 세라믹, 지르코니아 등이 있다. 특히 탄화붕소는 다이아몬드에 버금가는 경도를 자랑해 연마제나 연삭 공구로 활약하고 있다.[6] 최근에는 가위나 식칼의 날에 세라믹을 사용하는 경우도 늘었다.

세라믹은 전기적인 특성도 다양하다. 절연체, 전도체, 반도체 등 그 특성에 따라 다양한 용도가 있다. 절연체는 전기가 통하지 않는 까닭에 전선의 피복재나 전자 부품의 절연체로 이용되고, 전도체는 전기가 잘 통하므로 전열선이나 저항기 등에 사용된다. 또한 반도체는 특정 조건에서 전기가 통하는 성질이 있어 트랜지스터나 다이오드 등 전자 부품의 심장부를 담당한다.

세라믹 중에는 자성을 띠어 자석이 되는 것도 있다. 강력한 자력을 발생하는 세라믹 자석은 모터, 스피커, 하드디스크 드라이브 등에 사용된다. 그뿐만이 아니다. 세라믹은 유리처럼 투명도와 빛을 반사, 흡수, 방출하는 조절 능력도 우수하다. 빛 에너지를 전기로 변환하는 장치인 태양 전지에서 세라믹은 변환 효율을 높이는 중요한 역할을 담당한다.[7]

의외라고 생각하겠지만 세라믹은 감기약, 변비약, 화장품 성분으

---

[6] 경도가 가장 높은 다이아몬드를 10이라고 했을 때 탄화붕소는 약 9.5, 알루미나 세라믹은 약 9.0, 지르코니아는 약 8.5다.

[7] 유리는 빛을 투과하는 성질을 지닌 세라믹이다. 태양 전지에서는 유리 기판 위에 반도체 층을 형성해 빛 에너지를 전기로 변환한다.

로도 사용된다. 위 점막을 보호하는 활석(규산염 광물)이나 장 활동을 활발하게 하는 산화마그네슘 등의 세라믹이 건강을 위한 약 성분으로 활약하고 있다. 이처럼 다양한 특성과 용도를 지닌 세라믹은 현대 사회에 없어서는 안 될 물질이 되었다.

아시아와 유럽을 잇는 도자기 혁명

'자기'는 영어로 '차이나'china라고 하며 그 이름처럼 중국에서 발달했다. 중국에서는 기원전 14세기에 이미 유약을 사용해서 만든 도기가 존재했으며, 진시황이 통치하던 기원전 221년에는 병마용으로 실제 사람 크기와 같은 테라코타 조각상을 제작했다. 그러나 제작 과정에서 황투고원의 삼림이 벌채되어 사막화가 진행된 어두운 역사도 남아 있다.[8]

그 후 중국의 도자기는 세계 최고 수준에 도달했고, 한국과 일본을 경유해 전 세계로 확산되었다. 특히 1200년경 중국 송나라 시대에 탄생한 요변천목曜變天目과 유적천목油滴天目 같은 찻잔은 복잡하고 아

---

8 병마용은 진시황의 무덤에 매장된 병사와 말 형태의 등신대 상으로 현재까지 8,000개 이상이 발견되었다. 병마용을 만들려면 대량의 연료가 필요했기 때문에 주변 삼림이 무분별하게 벌채되었고, 그 결과 환경 파괴가 진행되어 황투고원의 사막화를 초래한 것으로 추정된다.

름다운 유약 무늬로 인해 지금까지도 최고의 찻잔으로 칭송받는다.[9]

일본 도자기는 왜 특별할까?

일본의 도자기 역사는 매우 오래되어서 1만 6500년 전에 이미 토기가 존재했던 것으로 추정된다. 그 후 조몬 토기와 야요이 토기로 발전했고, 고분 시대(3세기 후반~7세기 중반)에는 녹로(돌림판)가 등장해 스에키 토기를 만들었다. 7세기 후반에는 유약을 바른 도기가 현재 일본의 '6대 옛 가마터'[10]로 불리는 세토와 도코나메 등의 지역에서 활발히 생산되었다.

모모야마 시대(1573~1603)에는 다도의 유행과 함께 시노, 기세토, 오리베 같은 아름다운 도기가 탄생했으며, 17세기 초에는 조선에서 들여온 기술을 통해 일본에서 본격적으로 자기를 만들기 시작했다. 가키에몬 양식이나 이마리야키 자기는 유럽에서도 높은 평가를 받아 대량으로 수출되었다.[11]

---

9   중국 송나라 시대에 푸젠성의 건요에서 제작됐다. 일본에는 무로마치 시대에 전래되었으며 다도의 보급과 함께 귀중하게 여겨졌다.

10 6대 옛 가마터는 세토, 도코나메, 에치젠, 시가라키, 단바, 비젠으로, 일본을 대표하는 옛 가마터다.

11 가키에몬 양식은 유백색의 소태(유약을 바르기 전의 도자기―옮긴이)에 붉은색으로 풀과 꽃을 그린 아름다운 자기다. 이마리야키는 사가현의 아리타에서 구운 자기의 총칭이다. 일본의 자기는 네덜란드 동인도 회사를 통해서 유럽으로 건너가 시누아즈리(중국적인 요소의 문양을 사용한 미술 양식―옮긴이)와 로코코 양식의 발전에 기여했다. 특유의 섬세한 그림과 아름다운 형상 때문에 유럽에서는 '하얀 금'으로 부르며 귀중하게 여겼다.

유럽 자기에는 연금술이 사용됐다?

유럽에는 17세기까지 얇고 흰 자기를 만드는 기술이 없었다. 그러다 일본의 이마리야키가 등장하자 유럽의 왕후 귀족들은 자기의 매력에 빠져들었다. 자국에서도 자기를 만들고 싶었던 왕후들은 연금술사들에게 연구하도록 명령했다. 연금술 연구를 통해 발전한 화학적 지식이 자기 제조에 응용된 것이다.

1708년 독일 마이센의 가마에서 백자를 소성하는 데 성공했고, 그 후 오스트리아 빈 등의 가마에서도 자기 생산이 시작되었다. 18세기에는 산업 혁명의 영향으로 자기의 대량 생산이 가능해져 서민들도 소유할 수 있었다.

이처럼 도자기는 중국에서 일본 그리고 유럽으로 전파되어 각국의 문화, 기술과 융합하면서 발전했다.

유리, 공예품에서 건축 필수 재료로

투명하고 단단하며 시원한 느낌을 주는 유리는 역사가 매우 오래되어서 고대 로마의 '박물지'에도 등장한다. 고대 로마의 역사가인 가이우스 플리니우스 세쿤두스Gaius Plinius Secundus가 박물지에 기록한 내용에 따르면 지중해 동쪽 연안에서 상인이 장작불을 피우다가 우연히 유리를 만들었다고 한다. 기원전 2000년경에는 이집트와 메소포타미아에서 식물의 재와 규사(석영)를 섞어 가열하는 방법으로 유리를 만들었으며, 이를 통해 다양한 공예품이 탄생했다.

색과 빛이 만들어 내는 예술

유리는 고온에서 성형되기 때문에 유기물을 사용한 착색이 불가능하다. 그래서 고대부터 금속을 이용해 유리에 색을 입혔다.[12] 금이나 구리는 빨간색, 코발트는 파란색, 카드뮴은 노란색, 우라늄은 형광색 등 다양한 금속을 사용해서 유리에 아름다운 색채를 더했다. 그러나 이중에는 인체에 해로운 금속도 있기 때문에 현재는 사용할 수 있는 금속의 종류를 제한하고 있다.[13]

스테인드글라스는 색유리를 패턴 종이에 맞춰서 자르고 납으로 만든 틀에 끼워 넣어서 만든다. 유리 조각에는 에나멜이나 유약을 사용해 그림을 그린 뒤 저온에서 구워내기도 한다. 교회의 창에서 볼 수 있는 스테인드글라스는 빛이 통과할 때 아름다운 색채와 모양을 비춰서 보는 이를 매료시킨다.

크리스털 유리는 일반적인 유리에 산화납을 첨가해 중후함과 아름다운 광채를 띄는 유리다. 납 함량이 많을수록 무겁고 더 풍부한 광채를 내지만, 산성 음료에 장기간 접촉하면 납이 녹아 나올 위험이 있기

---

12 유기물은 고온에서 분해되기 때문에 유리를 착색할 때는 내열성이 높은 무기질 안료가 사용된다. 고대 이집트와 로마 시대 사람들은 일찍이 금속 산화물을 사용해 색유리를 만들었다.

13 카드뮴과 우라늄은 인체에 유해하기 때문에 현재는 유리의 착색에 사용하지 않는다.

때문에 주의해야 한다.[14] 최근에는 납을 사용하지 않는 크리스털 유리도 개발되고 있다.

베네치아에서 세계로

유리 제조가 본격적으로 산업화된 시기와 장소는 12세기의 이탈리아 베네치아로 알려져 있다. 베네치아 정부는 유리 제조 기술자를 베네치아 본섬의 북동쪽에 위치한 무라노섬에 격리해서 기술 유출을 막으려고 했다.[15] 그러나 이 시도는 실패로 끝났고 유리 제조 기술은 유럽 전역으로 확산되었다.

건축과 유리의 융합은 중세 유럽의 교회 건축에서 시작되었다. 고딕 양식 교회의 특징은 높은 첨탑을 지탱하기 위한 두꺼운 벽과 작은 창이었는데, 작은 창을 최대한 활용하기 위해 성경에 나오는 이야기를 묘사한 스테인드글라스를 사용했다. 스테인드글라스는 교회 내부를 신성한 빛으로 채우고 사람들에게 종교적인 가르침을 전하는 역할을 했다.[16]

---

14 납은 신경계, 혈액계, 소화기계, 신장 등 신체 곳곳에 악영향을 끼치는 중금속으로 빈혈, 복통, 변비, 신경 장애, 지능 저하, 발달 장애 등을 일으킬 수 있다. 납 크리스털 유리에서 녹아 나오는 납의 양은 일반적으로 미량이지만, 주스나 와인 같은 산성 음료를 유리잔에 담은 채로 장시간 두거나 반복해서 사용하면 납의 용출량이 증가할 수 있다.

15 베네치아 유리는 아름다움과 높은 기술력으로 유명한 세계적인 브랜드다. 무라노섬에는 현재도 수많은 유리 공방이 모여 있다.

16 중세 유럽의 교회 건축에서 스테인드글라스는 성경의 이야기를 회화적으로 표현해 문자를 읽지 못하는 사람들에게 기독교의 가르침을 전하는 역할을 담당했다.

시간이 흘러 사람들은 집 안으로 밝은 빛이 들어오게 하고 외부의 풍경을 보고 싶은 욕구가 높아졌다. 그래서 창이 커지게 되었는데, 당시의 판유리는 뒤틀림이 심하고 투명도도 낮았다. 기존 방식인 유리 방울에 바람을 불어넣거나 잡아당겨서 늘이는 방법으로는 평평하고 뒤틀림이 없는 커다란 유리를 만들기 어려웠다.

이런 상황을 크게 바꾼 것이 1952년에 영국의 유리 제조업체 필킹턴이 개발한 '플로트법'Float Process이다. 플로트법은 녹인 유리를 용융 주석 위에 띄움으로써 중력을 이용해 평평하고 뒤틀림이 없는 고품질의 판유리를 만드는 획기적인 방법이다.

플로트법을 통해서 뒤틀림이 없는 판유리를 대량 생산할 수 있게 되자 건축도 크게 변화되었다. 창을 크게 만들 수 있으니 실내에 자연광이 듬뿍 들어와 개방적인 공간이 실현되었다. 이렇게 해서 판유리는 현대 건축에 없어서는 안 될 존재가 되어 생활에 풍요로움을 더하고 있다.

콘크리트, 현대 사회의 숨은 주역

항만, 비행장, 고속도로, 고층 빌딩, 하수도 등 생활에 필수적인 인프라는 전부 콘크리트로 만들어진다. 콘크리트는 세라믹의 일종으로 현대 사회의 숨은 주역이라고 말할 수 있다. 철과 에너지도 중요한 존재지만 콘크리트는 철이나 에너지와 달리 우리 생활의 기반이 되는 구조물을 물리적으로 뒷받침하는 힘이 있다.

콘크리트의 단단한 강도와 내구성 덕분에 우리는 안전하고 쾌적하게 생활할 수 있다. 현대 사회는 언뜻 고도로 발달한 기술 사회처럼 보이지만 이처럼 그 밑바탕에는 먼 옛날부터 인류가 사용해 온 세라믹이 자리하고 있다.

콘크리트는 무엇으로 만들까?

콘크리트는 시멘트, 자갈, 모래, 물을 섞어서 만든다. 콘크리트의 원료가 되는 시멘트는 석회암을 구워서 만드는 회색 분말로 산화칼슘, 이산화규소, 산화알루미늄, 산화철 등이 주성분이다. 시멘트 산업은 과거에 이산화탄소 배출량이 많은[17] 산업으로 여겨졌다. 그러나 최근에는 하수 처리장의 오염된 흙이나 산업 폐기물을 원료로 활용하는 등 환경 부담을 줄이기 위한 노력을 계속하고 있다.[18]

---

17 석회석(탄산칼슘)을 고온으로 가열하면 석회(산화칼슘)와 이산화탄소로 분해되며, 이 과정에서 대량의 이산화탄소가 발생한다. 또한 높은 온도를 유지하기 위해 다량의 석탄이나 석유 등의 원료를 태울 때도 이산화탄소가 발생한다.

18 하수 처리장에서 발생하는 오염된 흙(유기물 또는 인 등의 영양 염류를 포함하고 있어서 소각 처리하면 이산화탄소나 유해 물질이 발생한다)을 시멘트의 원료로 재이용함으로써 폐기물을 절감하고 자원을 효율적으로 활용할 수 있다. 또한 제철소에서 나오는 철강 슬래그, 석탄재, 폐플라스틱, 폐타이어 등은 시멘트 가마에서 소성해 클링커clinker(시멘트의 주요 성분이 되는 물질)의 원료나 연료로 재이용할 수 있다.

콘크리트가 굳는 원리

콘크리트가 굳는 것은 시멘트의 성분인 무기물과 물이 반응하는 '수화 반응'에 따른 현상이다. 수화 반응으로 시멘트의 입자가 서로 결합해 단단한 구조를 만든다. 이것은 소석고 분말에 물을 부어서 반죽하면 단단한 석고가 되는 것과 같은 원리다. 즉, 콘크리트에는 시멘트를 반죽할 때 사용한 물이 화학 반응을 통해 수화물로 변형되어 남아 있는 것이다.

콘크리트는 언뜻 보면 건조해 보이지만 사실 내부에 다량의 수분이 갇혀 있다. 수분이 시멘트의 주성분인 규산칼슘 등의 광물과 수화 반응을 촉진해 결정을 성장시켜 단단하게 만든다. 이러한 과정을 통해 콘크리트의 내구성이 향상된다.

고대에서 미래로

약 5000년 전에 만든 콘크리트 바닥이 중국에서 발견되었다. 또한 벽돌과 콘크리트를 조합해서 지은 고대 로마의 콜로세움은 2000년 이상이 지난 지금도 남아 있다.[19] 콘크리트로 만든 건축물은 철근을 사용하지 않아서 부식의 염려가 없으며 현대의 철근 콘크리트보다 내구성이 높다는 견해도 있다.[20]

---

[19] 고대 로마의 콘크리트는 화산재를 섞어서 만들었다. 이 화산재에 포함된 '포졸란' pozzolan이라고 부르는 반응성 높은 물질이 콘크리트의 강도와 내구성을 높이는 역할을 한 것으로 추측된다.

현대의 콘크리트는 기술 혁신을 통해 다양한 특성을 갖게 되었다. 고층 빌딩을 지탱하는 고강도 콘크리트, 지진에 강한 섬유 보강 콘크리트, 고온을 견디고 산성 물질에 쉽게 부식되지 않는 알루미나 시멘트, 경화하기 전까지는 물처럼 흐르는 성질의 콘크리트 등 종류가 매우 다양하다. 그러나 현대의 콘크리트에는 내구성이라는 문제가 있다. 콘크리트의 수명은 일반적으로 55~60년, 특별히 강화한 것도 약 100년으로 알려져 있다. 콘크리트가 부식하는 원인으로는 염해나 중성화 등의 화학적인 원인, 동결 융해나 표면 마모 등의 물리적 요인, 시공 불량을 들 수 있다.[21] 이런 요인들이 겹치면서 콘크리트 구조물은 점점 약해져 간다.

콘크리트 구조물의 부식은 문화와 문명의 손실로도 이어진다. 미래의 사람들은 우리가 남긴 구조물을 보고 어떤 평가를 할까? 우리가 현재 콘크리트 내구성 향상에 힘써야 하는 이유 중 하나다.

---

20 철근 콘크리트는 콘크리트 속에 철근을 심어 넣음으로써 콘크리트의 약점인 인장 강도를 보강한 것이다. 그러나 철근은 공기 속 산소나 수분과 반응해 녹슬기 쉬우며, 녹슬면 부피가 팽창해 콘크리트에 균열을 발생시킨다. 이 균열을 통해서 다시 수분이나 염분이 침입하면 철근의 부식이 가속화되어 콘크리트의 강도가 저하된다.

21 염해와 중성화는 콘크리트 내부에 있는 철근의 부식을 촉진하는 요인이다. 염해는 염화 이온이 직접적으로 철근을 공격하는 데 비해, 중성화는 콘크리트의 알칼리성을 낮춤으로써 간접적으로 철근의 부식을 촉진한다.

파인 세라믹, 천연을 초월한 인공 소재

지금까지 이야기했듯이 세라믹은 먼 옛날부터 인류의 역사와 함께해 온 물질로 단단하고, 열과 부식에 강하며, 전기가 거의 통하지 않는 특성이 있다. 최근에는 이런 특성들을 더 발전시켜 새로운 기능을 부여한 '파인 세라믹'fine ceramics 이 개발되었다.

파인 세라믹은 기계적인 강도뿐만 아니라 전기, 빛, 화학, 생화학 등 다각적인 분야에서 우수한 기능을 발휘하며 반도체, 자동차, 정보통신, 산업 기계, 의료 등 현대 사회 기반을 뒷받침하는 폭넓은 분야에서 활용되고 있다.

파인 세라믹의 특별한 제조 과정

도자기 같은 전통적인 세라믹(올드 세라믹)과 파인 세라믹의 가장 큰 차이는 원료와 제조 방법에 있다. 올드 세라믹은 도석, 장석, 점토 등의 천연 광물을 그대로 혹은 간단한 가공만 거쳐서 사용한다.[22] 반면에 파인 세라믹은 화학적으로 합성한 인공 원료나 자연계에는 존재하지 않는 화합물을 사용하며[23] 천연 원료를 사용하더라도 고도로 정제한다. 이런 원료들을 치밀하게 조합해 원하는 특성을 가진 세라믹

---

22 도석은 도자기의 원료가 되는 암석이며 장석도 그 일종이다. 장석은 지각 속에 가장 많이 들어 있는 광물로 도자기의 유약이나 유리의 원료로 사용된다. 점토는 물을 함유하면 점성을 나타내며 도자기나 벽돌의 원료로 쓰인다.

23 예를 들어 질화규소와 탄화규소 등이 있다.

을 만들어 낸다. 정밀한 성형, 엄격한 온도와 시간 관리를 통한 소성 및 연마 공정을 거치면 더 정밀하고 우수한 기능성을 갖춘 제품을 완성할 수 있다. 파인 세라믹은 인류의 지혜가 만들어 낸 천연을 초월한 인공 물질인 셈이다.

정밀한 공정으로 만드는 고기능 물질

파인 세라믹의 제조는 원료를 분쇄하는 것에서 시작된다. 원료는 무기질의 고체 분말로 순도, 입자 지름, 입자 분포 등 엄격히 관리된다. 다음으로 용도에 맞춰서 조합한 원료 분말에 바인더라고 부르는 유기 고분자 접착제를 섞는다. 바인더는 분말을 성형하기 쉽게 만들기 위한 풀 같은 역할을 한다. 이 혼합물을 금형에 넣고 프레스기로 압력을 가해 성형한 후, 불필요한 부분을 잘라내는 가공을 거쳐서 설계한 대로 정밀한 형상을 만든다. 마지막으로 고온에서 소성해 원료에 들어 있는 수분과 바인더를 제거하면 분말 입자끼리 결합해 단단하고 치밀한 제품이 완성된다.

이처럼 파인 세라믹의 제조는 원료의 선정부터 소성에 이르기까지 일련의 정밀한 공정을 거친다. 치밀한 제조 공정이야말로 파인 세라믹의 우수한 성능과 기능을 실현할 열쇠다.

전지에서 로켓까지, 세라믹의 놀라운 변신

파인 세라믹은 특성에 따라 다양한 종류로 나뉜다. 가령 이온을 전도하는 '이온 전도 세라믹'은 차세대 전고체 전지에 어떻게 응용될지

기대되고 있다. 전고체 전지는 액체가 아닌 고체를 전해질로 사용하는 전지로, 이 기술이 실현되면 현재 리튬 이온 전지의 중대한 결점으로 여겨지는 발화 문제를 해결할 수 있다.[24]

'초전 세라믹'은 온도 변화에 따라 전하를 발생시키는 성질을 가지고 있다. 온도 센서나 적외선 센서에 사용되어 보안 시스템이나 가전제품의 온도 제어 장치 등 우리와 가까운 곳에서 활약하고 있다.

'다공질 세라믹'은 다수의 작은 구멍(기공)을 가진 세라믹으로 단열재, 흡착재, 촉매 등 용도가 폭넓다. 가령 건물의 단열재로 사용하면 에너지 효율을 높여 지구 온난화 대책에도 공헌할 수 있다.

'초전도 세라믹'은 일정 온도 이하에서 전기 현상이 제로가 되는[25] 놀라운 특성을 가지며, '초전도 자석'은 이 특성을 이용해 강력한 자기장을 발생시킨다.[26] 현재의 리니어 모터카(자기력을 이용해 차량을 일정한 높이의 궤도로 띄워 주행하는 열차)는 주로 금속제 저온 초전도 자석이 사용되고 있지만, 고온 초전도 세라믹의 연구도 진행되고 있어 장기적으로 냉각 비용의 절감과 효율성이 향상될 것으로 보인다. 그

---

24   리튬 이온 전지는 가연성의 유기 용매를 전해질로 사용하기 때문에 과충전이나 내부 쇼트가 원인이 되어서 발화할 위험이 있다.

25   초전도 전이 온도 이하에서 전기 저항이 완전히 소실되는 현상이다. 초전도 전이 온도는 물질에 따라 크게 달라서 절대영도(-273.15도)에 가까운 것부터 액체 질소 온도 (-196도)보다 높은 것까지 다양하다.

26   현재의 초전도 자석은 주로 금속제의 저온 초전도 재료(예를 들면 나이오븀-티타늄이나 나이오븀-주석)로 만들지만, 고온 초전도 세라믹(예를 들면 이트륨 바륨 구리 산화물)도 연구되고 있다. 고온 초전도 세라믹은 냉각 비용을 절감하고 효율을 증대해 장기적으로는 초전도 자석의 성능을 더욱 높일 것으로 기대된다.

밖에도 의료 기기인 MRI나 전력 저장 시스템 등 다양한 분야에서 응용이 기대된다.

생체 친화성이 높은 '바이오 세라믹'은 인공 뼈, 인공 관절, 인공 치근 등 의료 분야에서 활약 중이다. 바이오 세라믹은 몸속에서 안정적으로 기능하며 염증이나 알레르기 반응을 잘 일으키지 않아 환자의 삶의 질을 높이는 데 공헌하고 있다.

마지막으로 소개할 것은 '내열 세라믹'이다. 일반 세라믹과 비교했을 때 내열성이 매우 뛰어나 급격한 온도 변화와 고온 환경에서도 거의 깨지거나 변형되지 않는다. 예를 들어 로켓 엔진의 연소실이나 노즐에는 수천 도에 이르는 고온과 고압을 견뎌내며 열을 차단하는 특수한 내열 세라믹이 사용된다. 또한 배기가스 정화 장치에는 고온의 배기가스 속에서 안정적으로 기능하는 내열 세라믹제 촉매가 이용되고 있다.

이처럼 파인 세라믹은 올드 세라믹과 비교했을 때 용도나 특성이 크게 다르다. 올드 세라믹은 주로 일용품이나 건축 재료로 사용되는데 비해 파인 세라믹은 전자 부품, 의료 기기, 항공 우주 산업 등 고도의 기술이 필요한 분야에서 활약하고 있다.

독은 미량으로 생명을 빼앗는 물질이다. 인간이 다른 동물과 구별되는 특징 중 하나는 자신의 육체나 분비물이 아닌 외부의 독을 사용해서 적을 죽일 수 있다는 점이다. 대부분의 동물은 발톱, 뿔, 송곳니 혹은 독선(독을 생성하는 샘)에서 분비되는 선천적인 무기인 독을 이용해 상대를 공격한다. 그러나 인간은 다르다. 자연계에 존재하는 독을 이용하거나 직접 새로운 독을 만드는 방법으로 다른 생물에는 없는 독자적인 무기를 손에 넣었다.

독은 인간의 지혜가 만들어 낸 무기인 동시에 지혜의 어두운 면을 비추는 거울이기도 하다. 권력 투쟁, 암살, 전쟁 등 인간의 욕망이나 잔혹함을 구현하는 무기로 이용되어 온 측면을 부정할 수 없다.

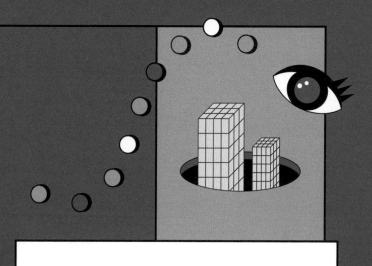

제5장

독

인류의 지혜가 만든 독자적인 무기

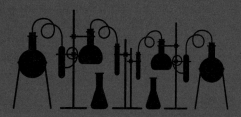

수명을 단축하는 물질의 정체

인간의 수명에는 한계가 있다. 수명의 길이를 좌우하는 요소는 다양한데, 건강을 촉진하는 약이 있는가 하면 수명을 단축시키는 독도 있다. 일반적으로 독은 소량만으로 인체에 해로운 영향을 끼치며 최악의 경우 죽음에 이르게 한다. 물이나 설탕, 술도 과도하게 섭취하면 건강을 해치고 수명을 단축할 수 있기 때문에 넓은 의미에서 독이라고 생각할 수도 있다. 다만 이런 것들을 독이라고 부르는 사람은 많지 않을 것이다. 왜일까?

물도 많이 마시면 독이 된다?

독과 무독의 경계선은 섭취량에 따라 달라진다. 가령 물을 대량으로 마시면 물 중독[1]을 일으켜 생명이 위태로울 수 있다. 설탕도 과잉 섭취하면 당뇨병[2]의 위험이 커지고, 알코올을 대량으로 마시면 급성 알코올 중독증[3]으로 목숨을 잃을 수 있다. 물론 이런 물질을 적정량 섭취한다면 문제가 되지 않는다. 독성이 있더라도 섭취량이 적으면 건강에 해롭지 않은 것이다.

독의 강도를 측정하는 지표로 '반수 치사량'LD50이 있다. 실험에서 동물에게 독성 물질을 투여했을 때 동물의 절반이 죽는 용량을 체중 1킬로그램당의 수치로 나타낸 것으로, 값이 낮을수록 독성이 강함을 의미한다. 다만 반수 치사량은 어디까지나 동물에 투여했을 때의 결과이므로 인간에게 그대로 적용되지는 않는다. 또한 개인의 체질이나 건강 상태에 따라서도 독의 영향력이 달라진다.

적당하면 약, 과하면 독!

약의 효능을 나타내는 지표로는 '반수 유효량'ED50이 있다. 반수 치사량과 마찬가지로 동물에게 약을 투여했을 때 동물의 절반이 치유되는 용량을 체중 1킬로그램당의 수치로 나타낸 것이다. 반수 치사량과 유효량의 차이가 작은 약[4]은 효과가 높지만 부작용이 클 가능성이 있

---

1   과도한 수분 섭취로 인해 몸속 전해질 균형이 무너져 여러 증상을 일으키는 상태다.
2   혈당치가 높은 상태가 계속되는 병으로 합병증을 유발하며 생명을 위협할 수도 있다.
3   단시간에 대량의 알코올을 섭취해 중추 신경이 마비되어 호흡 곤란이나 의식 장애 등을 일으키는 상태다.
4   효과와 부작용의 차이가 작고 적정 투여량과 위험한 투여량의 범위가 좁은 약이다.

다. 반대로 반수 치사량과 유효량의 차이가 큰 약[5]은 부작용이 적지만 효과도 낮을 가능성이 있다. 이처럼 약과 독은 밀접한 관계다. 약을 적정량 섭취하면 병을 치료할 수 있지만 과도하게 섭취하면 독이 되기도 한다.

권력의 도구였던 대마와 샤먼

고대 사회는 권력 구조가 다양했다. 무력으로 지배하는 지도자가 있는가 하면, 전투력과는 다른 능력으로 사람들을 통솔하는 지도자도 있었다. 강력한 리더십을 발휘해 수많은 사람을 거느리는 독재자가 반드시 무예가 뛰어난 것은 아니었다.

영적인 힘이나 예지 능력을 지녔다고 인정받은 사람들은 부족 사회에서 큰 영향력을 발휘했다. 그들은 자연 현상을 예측하거나 병을 치료하는 능력이 있다고 믿어져 사람들의 존경과 경외를 한 몸에 받았다. 이런 특별한 능력을 소유한 인물은 힘이나 권력 없이도 사람들의 정신적인 지주가 되어 사회를 통솔하는 리더로 군림했다.

신과 대화하는 사람들

앞에서 이야기한 '특별한 능력'은 대부분 신과 교신하는 능력이었

---

5   효과와 부작용의 차이가 크고 적정 투여량과 위험한 투여량의 범위가 넓은 약이다.

다. 신에게 계시를 구하면 신이 그 사람을 통해서 계시를 내리는데, 계시가 정확하다고 사람들에게 인정받으면 신에게 선택받은 자로 인식되어 독재자가 되었다. 고대 일본에 존재했던 야마타이국의 여왕 히미코卑弥呼도 그런 인물이었지 않을까 싶다.[6]

이런 사람을 일반적으로 '샤먼'shaman이라고 부른다. 일본 아오모리현의 오소레산에 있는 이타코イタコ[7]나 민간에서 신의 계시를 전했던 무녀도 샤먼의 일종이다. 그들은 일시적으로 접신이 가능했다. 격렬한 기도나 기원을 하는 도중 넋을 잃은 상태가 되면서 신의 말을 자신의 목소리로 신도들에게 전했다.

이런 의식에서는 불, 음악, 향을 사용해 신도들의 감각을 자극하고 신성한 분위기를 만든다. 또한 연기와 음료는 의식에서 물질적인 역할을 한다. 담배나 대마를 태운 연기에는 니코틴, 타르 등의 성분이 들어 있어 신도들의 정신에 영향을 끼쳤다. 술이나 약물이 들어간 음료는 신도들을 트러스트 상태trust state[8]로 이끌기도 했다.

6　히미코는 《삼국지》의 위지魏志 부분에 포함된 왜인에 대한 기록에 등장하는 고대 일본의 여왕으로 주술을 사용해 나라를 통치한 것으로 전해진다.

7　이타코는 공수(죽은 자나 산 자의 수호령을 불러내 목소리를 전하는 것)라고 불리는 강령술을 행하는 것으로 유명하다. 대부분 눈이 먼 여성으로 혹독한 수행을 거쳐서 이타코가 된다. 오소레산 대제를 열 때를 제외하고는 각각의 지역에서 활동한다.

8　트러스트 상태는 일반적인 의식과는 다른 변성 의식 상태를 뜻한다. 깊은 이완, 집중, 황홀감을 동반하며 자기의식의 저하 또는 시간 감각의 변화 등이 일어난다. 종교 의식이나 명상을 통해 의도적으로 일으킬 때도 있고 자연적으로 발생하기도 한다.

암살자 육성에 쓰인 대마

중세 아랍의 대마 이야기는 특히 유명하다. 11세기부터 13세기에 걸쳐 이슬람 세계에서 대마가 널리 사용되었다.

중세 아랍 사회에는 아사신이라고 부르는 암살 집단이 존재했다. 특정한 정치적, 종교적 신념을 가진 '아사신'assassin 집단은 자신들의 신념을 지키기 위해 목숨을 걸고 암살했다. 아사신의 어원은 아라비아어인 '하사신'hashshashin인데 이것은 대마(하시시)를 의미한다. 그들은 대마의 연기를 사용해 사람들을 일시적으로 의식 불명에 빠트린 후 세뇌해서 암살자로 키웠다.

대마는 중세 아랍을 거쳐 유럽과 아프리카 등지로 퍼져 나갔다. 근대가 되자 20세기 이후에는 의료와 오락 용도로 사용[9]이 급증했으며 많은 나라에서 합법화 또는 규제 완화가 논의되고 있다.

암살의 대명사 비소

독살이라고 하면 곧바로 암살이 떠오르는데, 특히 암살의 대명사라고도 말할 수 있는 것이 '비소'다. 비소는 원소이며 그 자체가 맹독

---

9 대마에는 의료용 대마와 기호용 대마가 있으며, 양쪽 모두 칸나비디올(CBD)과 테트라하이드로칸나비놀(THC)이 들어 있다. CBD는 항염증 작용과 진통 작용, THC는 정신 활성 작용을 한다. 의료용 대마는 CBD의 비율이 높은 편이고 기호용 대마는 THC의 비율이 높은 경향이 있다.

이지만 고체이고 물에 녹지 않기 때문에 상대를 몰래 살해하는 데는 적합하지 않다. 그래서 삼산화이비소As₂O₃를 사용한다. 삼산화이비소는 비소의 산화물로 무미·무취·무색(백색)의 분말 형태여서 물에 잘 녹는 특징이 있다. 그래서 삼산화이비소를 음료에 섞으면 상대가 눈치채지 못하게 암살할 수 있다.

비소는 대량으로 섭취하면 급성 중독을 일으켜 죽음에 이르지만 소량일 경우는 다른 중금속과 마찬가지로 몸속에 축적되며, 축적량이 기준치를 넘어서야 중독 증상이 나타난다. 그래서 비소를 사용한 살인은 범인뿐만 아니라 범행 일시도 특정하기 어렵다. 그야말로 암살이라고 부르기에 부족함이 없는 살인 방법이다. 이렇게 해서 비소는 동서양을 불문하고 암살용 약으로 널리 사용되었다.[10]

로마 교황 알렉산더 6세의 음모

알렉산더 6세는 1492년부터 1503년까지 르네상스 최전성기에 이탈리아 교황의 자리에 있었다. 스페인의 시골 귀족 출신인 그는 강한 출세욕과 교묘한 권모술수로 교황의 자리를 손에 넣은 후 수많은 악명을 떨쳤다. 알렉산더 6세는 네포티즘nepotism(가족에게 직책이나 혜

---

10 역사 속에서 비소는 주로 권력 투쟁이나 정적의 제거에 사용되었다. 일본의 제8대 쇼군 도쿠가와 요시무네는 형들이 병으로 죽는 바람에 쇼군이 되었는데, 그 이면에는 요시무네의 가신들이 암약했다는 설이 있다. 또한 제12대부터 제14대 쇼군의 사망은 암살이라는 설, 메이지 덴노의 아버지인 고메이 덴노와 그 자식도 암살되었다는 설까지 일본에도 수많은 암살 전설이 있다.

택을 부여하는 행위)으로 보르자 가문의 세력을 확대해 혈연 관계에서 추기경을 다섯 명이나 배출했다.[11] 또한 정치적 반대 세력을 함정에 빠트려 재산을 몰수했으며 '방해하는 자는 비소로 독살한다' 같은 소문을 퍼트려 로마의 부유층을 공포에 떨게 했다. 그 공포가 어느 정도였는가 하면 독살을 두려워한 부유층이 은 식기를 애용하게 되었을 정도다. 당시 은은 화학적으로 쉽게 반응하는 특성 탓에 독의 검출에 사용되었다. 사실 은은 황과 반응하면 검게 변색되지만 비소에는 반응하지 않는다. 그러나 당시에는 비소 제조 기술이 미숙해 비소에 황이 포함되었던 까닭에 은 식기가 검게 변하는 일도 있었던 모양이다.

알렉산더 6세는 축적한 재산을 라파엘로와 미켈란젤로 등의 예술가를 후원하는 일에 사용해 르네상스 문화[12] 진흥에 공헌했으며 프랑스, 스페인, 오스만 제국 등 외적으로부터 로마를 지키기 위한 외교와 군사 활동에도 자금을 투입했다. 이런 이유로 로마의 부흥에 공헌한 '로마 중흥의 시조'로 칭송받기도 하는 등 빛과 그림자가 공존하는 인물이다.

---

11 또한 아들 체사레와 딸 루크레치아의 지략을 이용해 권력 기반을 다졌다. 특히 체사레는 《군주론》으로 유명한 마키아벨리도 그를 높게 평가할 만큼 냉혹한 야심가였다. 루크레치아는 뛰어난 미모로 수많은 남성을 매료했다고 전해진다.

12 르네상스는 14~16세기 이탈리아에서 일어난 문화 운동이다. 고대 그리스와 로마 문화 부흥 사상을 기반으로 하며 인간성을 중시한다. 특히 르네상스 전성기로 불리는 15세기 후반부터 16세기 초반에는 라파엘로, 미켈란젤로, 레오나르도 다빈치 같은 거장들이 활약했다.

나폴레옹 죽음의 진실은?

나폴레옹은 천재적인 전술로 전쟁에서 수많은 승리를 거두고 1804년에 프랑스의 황제가 되었다. 황제가 된 뒤에도 영토 확장을 계속하다 1812년 러시아 원정 실패를 계기로 물러나 엘바섬에 유배되었는데, 1815년 엘바섬을 탈출해 다시 황제의 자리에 올랐다. 그러나 워털루 전투(1816년 나폴레옹이 연합군에 패배하여 제1제국이 종식된 결정적인 전투)에서 패배한 뒤 또다시 세인트헬레나섬에 유배되어 결국 1821년 그곳에서 세상을 떠났다.

나폴레옹의 죽음을 둘러싼 수수께끼는 지금도 논란의 대상이다. 공식적인 사인은 위암이지만 스웨덴 연구자 스텐 포르슈프부드Sten Forshufvud가 나폴레옹의 머리카락에서 고농도 비소를 검출하면서 암살설이 언급되었다.[13] 그 후 파리 경시청에서 조사한 결과 나폴레옹의 생전 머리카락에서도 고농도의 비소가 검출되었다. 이로써 나폴레옹이 세인트헬레나섬에 유배되기 전부터 비소 중독이었을 가능성이 제기되었다.

비소 중독의 원인으로는 한 가지 설이 주목받고 있다. 바로 나폴레옹이 즐겨 사용한 녹색 벽지다. 당시 벽지의 염료에 종종 비소가 포함되었고 이것이 휘발해 실내 공기를 오염시키는 일이 있었다.[14] 나폴

---

13 비소 중독 증상과 위암 증상이 유사해 오진의 가능성이 지적되고 있다.

14 18세기부터 19세기에는 선명한 녹색 염료로 비소가 포함된 셸레 그린scheele green이나 파리스 그린paris green이 널리 사용되었다. 비소를 포함한 염료는 습기나 곰팡이에 분해되어 유독한 비소 가스를 발생시키기도 한다.

레옹이 벽지의 비소를 장기간 들이마신 결과 만성 중독이 되었다는 주장이다.[15] 나폴레옹 죽음의 진상은 지금도 수수께끼에 싸여 있으며 암살설의 진위는 아직 밝혀지지 않았다.

마약과 한 나라의 쇠퇴

독은 종종 대국의 운명을 바꿔버리기도 했다. 이번에는 그런 사례를 살펴보자.

차 한 잔이 불러온 전쟁

영국의 홍차 문화는 17세기 중국에서 차가 유입되면서 시작됐다. 당시 중국은 세계 유일의 차 생산지로 영국은 중국으로부터 차를 수입해 홍차 문화를 발전시켜 나갔다. 18세기에 영국 동인도 회사가 중국과의 무역을 독점해 대량의 차를 수입하기 시작했고, 빠른 속도로 퍼져 19세기 초반에는 홍차 열풍이 불었다. 중국에서 차와 함께 도자기, 견직물 등을 수입했기 때문에 영국의 대중국 무역 적자는 점점 심각해졌다.

---

15 이 설은 머리카락 부위에 따른 비소 농도 차이를 설명하지 못한다는 약점이 있다. 게다가 감정에 사용된 머리카락이 정말로 나폴레옹의 것인지에 대한 의문이 존재하며, 나폴레옹에게 그와 닮은 대역이 있었다는 설도 있다.

영국이 무역 적자를 해결하기 위해 주목한 것은 식민지인 인도에서 생산되는 아편이었다. 아편의 원료가 되는 양귀비는 양귀비과의 식물로 흰색, 보라색, 빨간색 등의 아름다운 꽃을 피우는데 이 꽃에서 강력한 마약 성분을 얻을 수 있다.

양귀비의 덜 익은 과실에 상처를 내면 유액이 흘러나온다. 이 유액을 건조한 것이 바로 아편이며, 모르핀이나 코데인 등의 알칼로이드가 함유되어 있다.

모르핀은 강력한 진통 작용을 하는 마약 성분이다. 의료용으로도 사용되지만 의존성이 매우 강해 남용하면 심각한 피해를 일으킨다. 또한 모르핀을 화학적으로 처리해서 만드는 헤로인[16]은 쾌감 작용이 강하고 의존성도 매우 강해서 세계에서 가장 위험한 마약 중 하나로 꼽힌다.

중국을 무너뜨린 위험한 거래

중국에서는 오래전부터 진통제와 기침약으로 아편을 사용했다. 영국이 18세기 후반부터 19세기에 걸쳐 대량의 아편을 밀수출[17]하자 중국에 아편 중독자가 급증했다. 이에 따라 중국 정부는 영국에 아편 수출 중지를 요청했지만 영국이 이를 거부하면서 1840년 아편 전

---

16 모르핀을 아세틸화해서 합성한 마약으로 모르핀보다 쾌감과 의존성이 강력하다.

17 영국 동인도 회사가 인도에서 생산된 아편을 독점적으로 사들여 중국에 밀수출했다. 아편 전매 제도로 얻은 막대한 이익은 영국 본국으로 유입되어 산업 혁명에 필요한 자본으로 제공됐다.

쟁(제1차 아편 전쟁)이 발발했다. 영국은 압도적인 군사력으로 중국을 격파한 후 거액의 배상금과 홍콩의 할양을 요구했다.[18] 이후에도 중국은 제2차 아편 전쟁에서 패배했고 청나라 말기에는 태평천국의 난(1850~1864) 등의 대규모 농민 반란과 내란이 일어났다. 1894년 청일 전쟁에서 일본에 패배할 때까지 중국은 오랫동안 열강의 침략에 시달리며 국력이 쇠퇴했다.[19]

청나라 말기에는 아편 중독의 심각성이 널리 인식되었다. 그러나 청나라 정부는 물론, 1911년 신해 혁명 이후 수립된 중화민국(지금의 대만) 정부와 중국을 점령했던 일본도 아편의 유통을 멈추지 못했다. 그러나 1950년대 초 중화인민공화국(지금의 중국) 정부가 실시한 대규모 아편 박멸 운동을 계기로 아편 중독 문제가 진정되기 시작했다. 아편 박멸 운동으로 인해 오랫동안 중국 사회를 괴롭혀 온 아편 문제가 마침내 끝을 향해 나아갔다.

---

18 1842년 난징 조약이 체결됨에 따라 영국에 배상금 지급, 다섯 항구 개방, 홍콩 할양 등이 결정되었다(홍콩은 1997년에 반환). 이 전쟁은 당시 일본을 지배했던 에도 막부의 강경한 대외 정책에도 영향을 끼쳐서 외국 선박에 장작이나 물 같은 편의를 제공하는 신수급여령薪水給与令을 발령하는 등 기존의 강경했던 태도를 누그러뜨리는 계기가 되었다.

19 중국에서는 아편 전쟁 이후 침략과 지배를 받았던 역사를 '100년의 굴욕'으로 부르며, 현재의 국수주의와 반제국주의 외교 정책에도 영향을 끼친 것으로 여겨진다.

끝나지 않은 각성제와의 전쟁

대마, 담배, 아편, 마약은 천연에서 유래한 것이지만 인류가 합성한 약물 중에도 같은 효과를 내는 것이 있다. 우리가 일반적으로 '각성제'라고 부르는 것이다.

천식약, 세상을 뒤흔든 각성제가 되다

일본 약사회의 초대 회장이자 약학자인 나가이 나가요시長井長義는 서양 의학이 주류였던 시대에 한약 중에도 서양 의학에 도움이 되는 성분이 있을 것으로 생각해 연구를 계속했다. 그 결과 천식 치료약으로 사용되던 마황麻黃에서 에페드린ephedrine이라는 성분을 추출하고 그 구조를 밝혀내는 위대한 업적을 달성했다.

에페드린은 훗날 메스암페타민methamphetamine이라는 각성제를 발견하는 계기가 되는 성분으로 1885년에는 메스암페타민을 합성하기에 이른다. 또한 같은 시기에 루마니아의 화학자도 암페타민amphetamine이라는 각성제의 일종을 합성함에 따라 화학의 세계는 새로운 국면을 맞이했다.

곧이어 메스암페타민과 암페타민은 인간의 몸과 마음에 강한 영향을 끼친다는 사실이 판명되었다. 이들 약물은 마약과 달리 중추 신경을 자극해 마음을 각성시키고 활력과 자신감을 상승시키는 효과가 있어 '각성제'라고 불렸다. 이로써 나가이 나가요시의 연구는 서양 의학과 한의학의 융합을 목표로 하는 일본 약학 연구의 출발점이자, 각성제라는 새로운 약물의 탄생으로 이어지는 복잡한 역사의 한 페이지를 쓰게 되었다.

병사들이 마신 각성제의 정체

일본에서 각성제를 처음 이용한 곳은 군사 기관이었다. 전쟁터로 향하는 병사에게 각성제를 투여함으로써 공포심을 마비시켜 사기를 높이는 효과를 노린 것이다. 특공대원도 예외는 아니어서 '작별의 잔'이라고 부르는 각성제를 마신 뒤 적함을 향해 출격했다. 병사들을 위한 각성제 사용은 일본군뿐만 아니라 독일군과 연합군에서도 실시되었던 것으로 추측된다.

제2차 세계대전이 끝난 뒤 일본에서는 피로(히로)를 싹(퐁) 잊게 해주는 약인 '필로폰philopon(히로퐁)'이라는 이름으로 각성제가 시판되어 부흥기의 가혹한 노동 환경에서 일하는 사람들에게 널리 이용되었다.[20] 그러나 필로폰을 장기간 사용하면 신체를 좀먹고 의존증이나 금단 증상을 일으키는 심각한 부작용이 나타난다. 결국 1950년경에는 일본에서 필로폰 중독자의 수가 무려 100만 명에 이르며 사회 문제로 대두되었다.

이렇게 되자 일본 정부는 1951년에 각성제 단속법을 제정해 필로

---

20 필로폰은 일본 다이닛폰제약(현재의 스미토모파마)이 발매한 메스암페타민의 상품명이다. 제2차 세계대전 당시 대량으로 비축되어 있었던 것이 전쟁 후에 유통되었다. 피로나 졸음 해소 같은 목적 외에도 술이나 담배 같은 기호품으로 유행했다.

폰의 제조, 판매, 소지를 엄격히 규제했다. 동시에 의료 기관과 사회 복지 단체를 통한 중독자의 치료와 재활 지원도 강화했다. 정부의 피나는 노력 덕분에 사람들의 필로폰 중독은 서서히 진정되고 사회 질서가 회복되었다.

끝없이 진화하는 위험한 유혹

아편, 코카인, 대마, 시너(신나), LSD, 각성제 등 몸을 마비시키는 마약痲藥은 사람들을 파멸로 이끈다고 해서 마약魔藥이라고도 불린다. 이런 약물에 손을 대는 계기는 다양하지만 일단 한번 손을 대면 헤어나기가 매우 어렵다. 구체적으로는 신체적·정신적 의존성이 생기고 금단 증상의 고통과 사회적 고립, 뇌신경 회로의 변화 등을 일으키기 때문이다.[21]

현대 사회는 마약 사용에 대해 경고하며 경찰 단속을 강화하고 있지만 마약의 근절에는 이르지 못하고 있다. 오히려 기존 마약의 화학 구조를 살짝 변화시킨 '디자이너 드러그'가 계속해서 만들어지고, 과학 기술의 발전으로 더욱 강력하고 위험한 신종 합성 마약이 등장하고 있다. 합성 마약의 탄생을 법률 규제가 따라잡지 못하는 것이 현실이다.[22] 최근에는 중학생이 마약 판매나 대마 재배에 관여하는 등 마약 접촉 연령이 낮아져 심각한 우려를 낳고 있다. 또한 합성 마약이

---

21 의존증으로부터 빠져나오려면 전문적인 약물 치료, 심리적 지원, 재발 방지 프로그램, 가족이나 공동체의 협력 같은 종합적인 접근과 장기적인 지원이 필요하다.

진화함에 따라 중독자들의 정신 건강이 악화되고 흉포해져 2차 피해도 증가하고 있다. 이대로라면 70년 전 필로폰 중독이 만연했던 시대로 돌아갈 수 있다는 우려도 제기된다.

마약에 손을 대는 배경에는 사회에 대한 불만이나 고독감 등 다양한 요인이 있다. 이는 동서고금을 막론하고 보편적인 것으로 단순한 단속 강화는 근본적인 해결책이 되지 못한다. 사회 전체가 안고 있는 문제를 특히 젊은이의 고립감, 불만, 희망 결여에 대한 대책이 필요하다. 마약에 의지하지 않고도 살아갈 희망을 찾을 수 있는 사회를 구축하는 것이야말로 진정한 해결책이 될 것이다.

---

22 마약이나 향정신성의약품의 규제법은 대상 약물의 화학 구조에 따라서 정의한다. 특정 화학식이나 구조를 가진 물질이 위법 대상이 되는데, 합성 마약은 이런 법률의 적용을 피해서 합법적으로 유통된다. 다만 정부에는 긴급 지정 권한이 있으므로 새로운 약물이 시장에 무분별하게 유통되면 신속하게 규제 대상에 추가할 수 있다.

셀룰로스는 풀이나 나무 같은 식물의 주요 성분으로 우리의 문명을 만들고 지탱해 온 위대한 존재다. 건축 자재와 의류 등 다양한 제품의 소재로 활용되며 그중에서 가장 중요한 것은 종이 원료로의 역할이다. 종이가 발명된 이래 약 2000년이라는 세월 동안 인류는 종이에 문자를 기록해 지식과 정보를 전달했다. 종이는 교육, 과학, 예술 등 온갖 분야의 발전을 뒷받침했으며 현대 문명의 초석을 쌓았다고 해도 과언이 아니다.

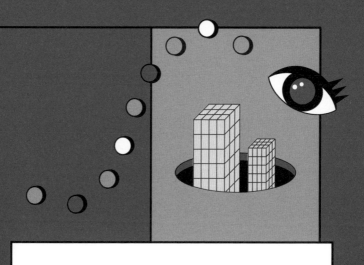

제6장

셀룰로스

식물에서 싹튼 최고의 기록 매체

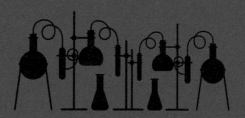

우리의 의식주를 지탱하는 셀룰로스

식물은 인간에게 식량, 의복, 주거, 연료 등의 선물을 가져다주는 없어서는 안 될 존재다. 이런 식물의 강인함 뒤에는 우리의 생활을 풍요롭게 만들어 준 숨은 공로자가 있다. 바로 셀룰로스다.

셀룰로스란 무엇일까?

셀룰로스는 지구상에 존재하는 가장 풍부한 유기 화합물[1]로 식물

---

1   탄소를 주축으로 수소, 산소, 질소 등의 원소가 결합한 화합물의 총칭이다. 생명 활동에
    필수적인 물질로 단백질이나 지질, 탄수화물, 핵산 등 생물의 몸을 구성하는 주요 성분
    이며 플라스틱, 의약품, 농약 등 우리의 생활을 뒷받침하는 여러 제품에도 이용된다.

의 세포벽을 형성해 식물을 지탱하는 역할을 한다. 비유하자면 셀룰로스는 식물의 골격을 구성하는 기둥이며 세포를 보호하는 갑옷이다. 셀룰로스는 포도당이 벽돌처럼 규칙적으로 결합한 구조로, 이 튼튼한 구조 덕분에 식물은 똑바로 서서 비바람을 견뎌낼 수 있다. 이윽고 식물이 성장해 세포가 죽더라도 세포벽은 남아서 목질이 된다. 즉, 우리가 평소에 보는 나무의 단단한 줄기와 가지는 셀룰로스로 형성된 것이다.

식물을 불에 태우고 남은 재에는 미네랄이 풍부하게 들어 있다. 미네랄은 칼슘, 철, 칼륨 등 유기물 이외의 영양소[2]를 말한다. 재에 들어 있는 칼륨은 연소 과정을 거쳐 탄산칼륨이 되는데, 탄산칼륨은 오래전부터 세제나 해독제로 이용됐다. 또한 재는 토양의 알칼리성을 높여 식물의 성장을 촉진하는 효과가 있어서 비료로도 활용된다.

셀룰로스는 구조가 튼튼해 질기고 잘 깨지지 않는다. 또한 유연하고 가공이 쉬우며 흡습성도 뛰어나다. 이런 특성 때문에 먼 옛날부터 종이나 옷감의 원료로 널리 이용되었다. 현재 과학자들은 셀룰로스를 분해해 에탄올 등의 바이오 연료를 생산하는 기술을 개발하고 있다. 이 기술이 자리잡는다면 재생 가능한 에너지원으로서 식물의 이용이

---

2 탄소를 함유한 유기 화합물이 아닌 무기 화합물로 존재하는 영양소다. 세부적으로는 칼슘, 철, 칼륨(포타슘), 나트륨(소듐), 마그네슘, 아연, 구리, 망간, 셀레늄 등의 미네랄을 가리킨다. 이런 미네랄은 동식물의 성장, 대사, 건강 유지에 꼭 필요한 요소로 식물을 태우고 남은 재에 들어 있다.

확대되어 지구 환경에도 공헌할 수 있다.[3]

셀룰로스와 전분의 비슷하지만 다른 구조

셀룰로스와 전분은 둘 다 포도당이라는 작은 분자가 수백, 수천 개 연결된 다당류다. 하지만 둘 사이에는 결정적인 차이가 있다. 포도당 분자는 위아래가 구분되는데, 전분은 모든 포도당이 같은 방향으로 이어지고 셀룰로스는 위아래로 교차하여 이어진다. 이 차이가 소화에 큰 영향을 끼친다.

셀룰로스와 전분은 소화되면 최종적으로 포도당이 된다. 다만 인간은 셀룰로스를 분해하는 효소를 가지고 있지 않아 셀룰로스를 소화하지 못한다. 반면에 초식 동물은 셀룰로스를 분해하는 효소를 가지고 있어 풀이나 나뭇잎을 먹고 에너지로 바꿀 수 있다. 만약 인간도 셀룰로스를 소화할 수 있다면 식량 위기는 과거의 이야기가 되었을지도 모르지만 현실은 그리 녹록하지 않다. 비록 셀룰로스를 식량으로 이용할 수 없지만 종이나 바이오 연료 등 다양한 형태로 우리 생활에 도움을 준다.

---

3 포도당을 효소나 미생물에 의해 발효하면 에탄올 같은 바이오 연료를 생산할 수 있다. 셀룰로스에서 유래한 바이오 연료는 연소할 때 이산화탄소를 배출하지만, 연료의 원료인 식물이 광합성을 통해 이산화탄소를 흡수하기 때문에 실질적으로는 이산화탄소 배출량을 늘리지 않아 지구 온난화에 영향을 미치지 않는다.

식물이 바꾼 라이프스타일

식물은 인간의 진화와 문명의 발전에 없어서는 안 될 존재다. 특히 과거부터 현재까지 건축 재료와 섬유로서 우리의 생활에 큰 비중을 차지하고 있다.

콘크리트보다 강한 나무

목재는 셀룰로스가 주성분인 세포벽으로 이루어져 있으며, 먼 옛날부터 인류의 주거를 뒷받침해 왔다. 일본의 전통적인 목재 건축물은 고온다습한 기후에 적합한 단열성과 조습성(습기를 조절하는 성질)을 갖춰서 여름에는 서늘하고 겨울에는 따뜻하게 유지해 쾌적한 주거 환경을 제공한다.

일본의 대표적인 전통 건축 양식인 '갓쇼즈쿠리'合掌造り는 경사가 급한 초가지붕이 특징이다.[4] 이 지붕은 셀룰로스가 잔뜩 들어 있는 억새로 만든 덕분에 단열성과 방수성이 우수하다. 여기에 지붕 밑의 공간을 크게 확보함으로써 여름에는 뜨거운 열기를 빼내고 겨울에는 온기를 보존한다. 일본의 오래된 민가에서 볼 수 있는 흙벽 또한 셀룰로스가 들어 있는 짚이나 흙을 섞어서 만든다. 흙벽은 조습성이 우수해서 실내의 습도를 쾌적하게 유지할 뿐만 아니라 냄새 제거와 단열에도 효과가 있다.

최근 주목받고 있는 'CLT'(집성 교차목)는 목재의 섬유 방향이 직각이 되도록 겹쳐서 접착한 것으로, 강도가 높아 대규모 건축물에도 사용할 수 있다. 또한 철근 콘크리트에 비해 가볍고 내화성, 단열성, 내진성이 우수하며 가공이 용이하고 환경 부담도 적어 여러 건축물에 이용된다.

식물로 만든 슈퍼 옷

인간은 동물과 비교했을 때 몸에 털이 적기 때문에 체온을 조절하고 외상으로부터 몸을 보호하기 위한 의복이 꼭 필요하다. 빙하기 같은 극심한 추위를 견디는 데 모피가 중요한 역할을 했지만 다른 계절에는 식물의 잎이나 줄기 껍질을 이어서 의복을 만들어 입었을 것으로 추정된다.

인류는 마 같은 식물 섬유로 실을 만들고 천을 짜는 기술을 개발했다. 식물 섬유의 주성분인 셀룰로스는 강인하고 유연성이 있어 의복을 만드는 데 최적의 물질이다. 특히 셀룰로스의 흡습성과 방습성은 의복의 습도를 조정해 쾌적한 착용감을 유지해주며, 통기성이 뛰어나서 여름에는 시원하고 겨울에는 따뜻한 장점이 있다. 또한 식물 섬유는 염색이 쉬워 다채로운 색과 모양을 표현할 수 있다. 그 덕분에 의복은 신체 보호의 기능을 넘어 패션과 문화를 상징하는 존재로 진화했다.

현대에는 식물 섬유가 친환경 소재로 재평가되고 있다. 석유에서

---

4 기후현에 위치한 시라카와고의 갓쇼즈쿠리가 유명하다. 초가지붕을 사용한 전통 건축 양식이 잘 보존되어 있어 마을 전체가 세계 유산으로 지정되었다.

유래한 합성 섬유와 비교했을 때 식물 섬유는 생분해성[5]이 있어 환경 오염의 부담이 적기 때문이다. 최근에는 셀룰로스를 원료로 재생 섬유를 만들거나 폐기된 식물 섬유를 재활용하는 기술이 개발되는 등 지속 가능한 섬유 산업을 위한 연구가 진행되고 있다.

셀룰로스, 문명의 불꽃을 피우다

식물의 주성분인 셀룰로스는 인류가 손에 넣은 불의 잠재 능력을 최대한으로 끌어낼 수 있게 했다. 따뜻함과 빛, 여기에서 탄생한 문화와 기술 혁신은 셀룰로스 없이는 불가능했을 것이다.

인류의 생활을 확장한 불

목재는 인류가 오랫동안 의지해 온 주된 열에너지원이다. 화석 연료를 사용하기 전까지 인류는 오랜 세월 동안 목재를 태워서 얻는 열로 몸을 덥히고 음식을 만들어 먹으며 살아남았다.

목재는 연소할 때 이산화탄소를 배출하는데 그 이산화탄소는 식물이 성장하는 과정에서 광합성을 통해 흡수한 것이다. 요컨대 목재는 탄소 중립적인 재생 에너지원이며 지구 환경에 부담을 적게 주는 에

5　미생물이나 자연의 작용으로 분해되어 최종적으로 자연에 무해한 형태로 돌아가는 성질을 의미한다.

너지다.

불빛 덕분에 인류는 동굴 생활에서 벗어나 활동 시간을 연장할 수 있었다. 야간 활동이 가능해지면서 더 많은 시간을 사람들과의 소통이나 도구 제작, 예술 활동 등에 사용했다. 또한 불빛은 인류의 뇌 활동에도 영향을 끼쳤을 것으로 생각된다. 야간 활동에는 시각 정보뿐 아니라 청각과 후각 등 감각 정보도 중요하기 때문에 뇌의 다양한 영역이 활성화되었을 가능성이 있다.

동굴 벽에서 시작된 창조의 불꽃

동굴의 벽을 비추는 불빛은 사람들에게 그림자와 같은 환상적인 광경을 보여줬다. 이 경험은 동굴 벽에 그림을 그리는 예술 활동의 계기가 되었다. 알타미라 동굴과 라스코 동굴에 남아 있는 구석기 시대의 벽화를 통해 인류의 창조성과 미의식의 탄생, 정신세계의 발전을 엿볼 수 있다.[6]

불은 인류에게 경외와 숭배의 대상이기도 했다. 불을 둘러싸고 앉아서 몸을 덥히고 먹을 거리를 준비하는 동안 사람들은 불이 가진 신비한 힘에 경외심을 품고 불을 신성시하게 되었다.[7] 특히 불을 숭배

6　스페인의 알타미라 동굴 벽화는 1만 5000년 전, 프랑스의 라스코 동굴 벽화는 1만 7000년 전의 것으로 추정된다. 둘 다 세계문화유산으로 등록되어 있다.

7　조로아스터교에서는 불을 최고 신인 아후라 마즈다의 상징으로 여기며, 힌두교에서는 불의 신 아그니를 의식에 없어서는 안 되는 가정의 신으로 숭배한다. 고대 그리스와 로마에서는 화로의 신 헤스티아와 대장장이의 신 헤파이스토스(로마에서는 각각 베스타와 불카누스) 등 불과 관련된 신을 숭배했다.

하는 의식이나 축제는 공동체의 결속을 강화하고 사회 질서를 유지하는 역할을 했을 것으로 추정된다.

토기와 금속을 이용한 문명의 진보

불은 토기의 소성(불에 구워서 영구적인 형태로 만드는 과정)이나 금속의 정련에도 사용되어 인류의 기술 혁신과 문명의 발달에 크게 공헌했다. 인류는 불을 더욱 효율적으로 이용하기 위해 지면에 구멍을 파거나 토기로 화덕을 만들었다.

화덕에는 장작을 넣는 구멍과 공기를 집어넣는 구멍이 있어서 공기의 흐름을 제어해 화력을 조정했다. 시간이 지나며 바람을 불어 넣는 큰 바람통이나 풀무 같은 도구가 발명됨에 따라 더욱 높은 온도의 불을 안정적으로 얻을 수 있게 되었다. 목탄을 이용해서는 1,000도에 가까운 고온을 만드는 데 성공했다.

고온의 불을 이용하면서 토기를 굽는 기술이 크게 발전해 조몬 토기나 화염형 토기[8] 같은 더 단단하고 정교한 토기를 만들 수 있게 되었다. 이렇게 만든 토기는 음식물을 보존하거나 조리하는 데 사용되어 식생활을 풍족하게 만들었다.

고온의 불로 인해 금속의 불순물을 제거하는 정련 과정도 가능하

---

8 조몬 시대 중기에 일본 열도 각지에서 제작되었던 토기의 일종이다. 타오르는 불꽃 같은 형태가 특징이며, 조몬 토기 중에서도 특히 장식성이 뛰어나다. 조몬 시대 중기는 조몬 문화가 크게 번성했던 시기로 지금으로부터 약 5500년 전부터 4400년 전까지를 가리킨다.

게 됐다. 구리, 철 같은 금속을 정련해 무기나 도구를 만들어 냄으로써 농업 생산성이 향상되고 생활이 풍요로워졌다. 또한 청동기와 철기의 등장은 인류 역사에 커다란 전환점이 되어 문명의 진보를 가속했다. 이처럼 셀룰로스를 주성분으로 삼는 목재는 연료로서뿐만 아니라 토기나 금속기의 제조 기술 발전에도 크게 기여해 문명을 비약적으로 발전시키는 원동력이 되었다.

기록하고 생각하는 삶의 시작

셀룰로스로 만든 종이는 인류의 생각을 기록하고 사고를 깊게 하는 데 중요한 역할을 했다. 이집트 문명을 발전시킨 나일강 유역에는 '파피루스'라는 갈대가 무성하게 자랐다. 기원전 3000년경 고대 이집트인들은 파피루스의 줄기를 가늘게 잘라 늘어놓고 두드려 섬유를 뒤엉키게 해서 평평한 표면의 필기 매체를 만들어 냈다. 이것이 바로 현대 종이의 원형이 된 파피루스 종이다.[9]

한편 유럽에서는 기원전 2세기경 양의 가죽으로 만든 양피지[10]가

---

9 파피루스 종이가 종이의 원형이 된 이유는 파피루스가 나일강 유역에 풍부하게 자생해 손쉽게 구할 수 있고 줄기가 부드러워 쉽게 가공할 수 있으며, 장기간 보존이 가능했기 때문이다.

10 양이나 염소의 가죽을 가공해 만든 매끄러운 필기 매체다. 고대부터 중세에 걸쳐 유럽에서 널리 사용되었다.

발명되었다. 이처럼 셀룰로스 또는 단백질이 주성분인 필기 매체의 발명은 인류의 문자 문화 발전에 크게 공헌했다.

문자는 어떻게 발전했을까?

문자의 탄생은 인류가 생각을 기록하고 전달할 수단을 갖게 된 획기적인 사건이었다. 상형문자처럼 그림을 단순화한 것에서 시작해 표음문자처럼 소리를 나타내는 기호로 진화하는 동안 문자는 다양한 문화권에서 독자적인 형태를 이루었다. 가령 이집트의 상형문자 히에로글리프hieroglyph는 기원전 3000년경에 등장했으며, 메소포타미아에서는 기원전 3000년경부터 사람들이 상업 거래와 법률을 쐐기 문자로 기록했다.

문자를 시각적으로만 표현했던 건 아니었다. 마야 문명의 '매듭 문자'(키푸)처럼 끈의 길이나 모양으로 정보를 기록하는 방법도 존재했다(기원전 200년경). 이처럼 다양한 형식의 문자는 인류의 창의성과 기록·전달에 대한 지치지 않는 탐구심을 보여준다.

문자가 가져온 사고의 심화

문자의 발명은 인류의 사색 능력이 크게 발전하는 계기가 되었다. 사색이란 과거에 했던 생각을 되돌아보고 새로운 생각을 쌓아 나가는 과정이다. 기원전 5세기경 고대 이집트의 철학자들은 파피루스에 자신의 생각을 기록하고 그것을 바탕으로 깊은 논의를 했다. 또한 중세 유럽에서는 수도사들이 양피지에 성경을 옮겨 적었는데, 그 과정에서 해석을 통해 신학을 발전시켰다.

종이처럼 휴대가 가능하며 언제라도 글자나 그림을 적어 넣을 수 있는 필기 매체의 등장은 사색의 자유도를 높였으며, 종이에 기록된 정보는 많은 사람에게 반복적으로 읽히고 분석되면서 새로운 지식을 창출했다. 이렇듯 셀룰로스를 주성분으로 만든 종이는 인류의 생각을 심화하고 문명의 발전을 뒷받침했다. 종이는 단순한 기록 매체가 아니라 인류의 지성과 창조성을 자극하는 촉매제였다.[11]

파피루스부터 중성지까지, 종이의 진화

인류는 다양한 매체에 정보를 기록해서 후세에 전했다. 그 역사는 식물 유래의 셀룰로스를 주성분으로 하는 종이와 파피루스가 등장하면서 크게 도약했다. 셀룰로스는 다수의 글루코스 분자가 사슬처럼 연결된 천연 고분자로, 식물 세포벽의 주성분이다. 셀룰로스 섬유가

---

11 문자의 발명과 사색의 관계에 관한 유명한 일화로 고대 그리스의 철학자인 소크라테스와 플라톤의 대화가 있다. 소크라테스는 문자의 사용에 회의적이어서 문자로 기록된 지식은 진정한 지식이 아니라 단순한 정보의 축적에 불과하다고 생각했다(문자로 기록된 지식은 대화를 통해 깊어지는 살아 있는 지식과 달리 고정적이고 유연성이 부족하다고 여겼다). 반면에 소크라테스의 제자인 플라톤은 문자의 중요성을 인식하고 있었다. 플라톤은 소크라테스와의 대화를 문자로 기록하면 그 사상을 후세에 전할 수 있다고 생각했으며, 자신의 철학적 저서를 통해 문자가 사상을 심화시키고 널리 공유할 수 있는 강력한 도구임을 증명했다. 소크라테스와 플라톤의 이런 일화는 문자의 발명이 인류의 사색에 미치는 영향에 대한 논의가 고대에도 있었음을 보여주는 좋은 예시다.

그물처럼 얽힘으로써 식물은 강인한 구조를 갖게 되었으며, 이는 종이의 내구성으로 이어졌다.

종이의 탄생부터 재생까지

종이는 식물의 섬유(셀룰로스)를 정제하고 점착 물질을 더해 얇게 편 다음 건조한 것으로, 각각의 국가 또는 지역에서는 그곳에 자생하는 식물을 사용해 독자적인 종이를 만들어 왔다.

일본의 전통 종이인 화지[12]는 닥나무나 삼지닥나무의 섬유와 닥풀의 점액을 섞어서 만든다. 닥나무나 삼지닥나무의 섬유는 길고 질기며 닥풀의 점액은 셀룰로스 섬유끼리 접착하는 역할을 해 종이의 강도를 높인다. 이러한 조합 덕분에 화지는 얇으면서도 튼튼하고 오랜 기간 보존이 가능한 특별한 종이가 된다. 그러나 화지는 닥나무 또는 삼지닥나무를 재배하는 데 시간이 오래 걸리기 때문에 대량 생산에는 적합하지 않았다.

서양의 종이는 목재를 화학적으로 처리해서 얻는 펄프를 원료로 사용한다. 펄프란 식물 섬유를 풀어서 솜처럼 만든 것으로 셀룰로스 함량이 높아 종이의 강도와 내구성을 높일 수 있다. 이 목재 펄프를

---

12 화지는 아스카 시대에 중국에서 전래되었고, 고구려 승려인 담징에 의해 일본에 전해졌다. 나라 시대에는 공식 문서나 종교적 용도에 사용되었으며, 헤이안 시대에는 귀족들에게 널리 사용되었다. 생산지로는 미노(기후현)와 에치젠(후쿠이현)이 유명하다. 이 지역들은 미노의 나가라강이나 에치젠의 구즈류강의 물이 화지를 만드는 데 이상적이고 원재료가 되는 식물이 풍부하게 자생하며 기후가 적합해 화지의 주요 산지가 되었다.

물결 모양으로 성형하면 가벼우면서도 강도 높은 골판지를 만들 수 있다. 골판지는 물결 구조가 쿠션 역할을 해 외부의 충격을 흡수하므로 포장재나 완충재로 널리 이용되며 물류에서 중요한 역할을 한다.

종이의 원료인 펄프는 목재뿐만 아니라 폐지로도 만들 수 있다(재생지). 재생지는 사용된 종이를 회수해 새로운 종이를 만드는 것으로, 폐지를 물에 녹여서 잉크와 오염물을 제거한 다음, 섬유를 재이용해서 만든다. 일본에서는 헤이안 시대부터 '반고지'反故紙라고 부르는 재생지를 사용할 만큼 재생지의 역사가 매우 오래됐다.

재생지와 새 종이 사이에는 몇 가지 차이점이 있다. 재생지는 새 종이에 비해 덜 하얗고, 색이 들어간 섬유가 섞일 때도 있다. 또한 재생 횟수가 늘어날수록 섬유가 짧아져 강도가 약해지는 경향이 있다. 그러나 기술이 발전함에 따라 재생지의 품질이 점점 향상되어 현재는 새 종이와 비교해도 손색없는 품질의 재생지도 많다. 재생지는 자원의 효과적인 이용과 환경 보호 관점에서 앞으로 더 중요한 역할을 할 것으로 기대된다.

기록을 1300년 이상 보존한 종이의 힘

20세기 후반에 등장한 자기 기록 기술은 쇳가루의 자성을 이용해 정보를 기록하는 기술이다. 자기 기록 매체는 방대한 기록 용량과 빠른 처리 속도로 현대의 정보화 사회를 뒷받침하고 있다. 그러나 자기 기록 방식은 자기 폭풍이나 물리적 충격의 영향을 받기 쉬워 정보를 장기 보존하기에는 어려움이 있다.

종이는 인류의 역사와 함께해 온 기록 매체로, 적절히 관리하면 수백 년, 수천 년이라는 긴 시간 동안 정보를 보존할 수 있다. 가령 쇼소인正倉院[13]에 보관된 고문서는 1300년 넘게 과거의 정보를 후세에 전하고 있다. 이 사실은 셀룰로스의 안정성과 셀룰로스로 만든 종이의 높은 내구성을 증명한다.

현대에는 종이 제조 기술이 발전하면서 장기 보존에 적합한 중성지가 개발되었다. 중성지는 산성 물질을 제거하거나 중화시켜 종이가 시간, 환경, 화학적 변화에 의해 손상되는 것을 방지해 수백 년 이상 보존이 가능하다. 이처럼 셀룰로스를 주성분으로 삼는 종이는 인류의 지혜와 문화를 미래에 전하는 소중한 매체다. 디지털화가 진행된 현대에도 종이 특유의 질감과 신뢰성은 우리에게 중요한 가치를 지닌다.

---

13 일본의 나라현에 있는 도다이지 절의 보물 창고로, 나라 시대(710~794)에 쇼무 덴노의 유품을 보관하기 위해 건립된 것으로 추정된다. 쇼무 덴노의 유품 외에도 실크로드를 경유해 일본에 건너온 물건과 나라 시대의 귀중한 문화재들이 다수 소장되어 있다. 게다가 건물 자체도 아제쿠라즈쿠리校倉造라고 부르는 독특한 건축 양식이어서 역사적 가치가 높다. 쇼소인에는 약 9,000점에 이르는 문화재가 소장되어 있으며 그중 219점이 국보로 지정되어 있다(2023년 기준).

화석 연료는 태곳적에 살았던 생물의 사체가 긴 세월에 걸쳐 변화해 만들어진 지구의 선물 같은 에너지원이다. 19세기 산업 혁명 이후 이 선물을 무분별하게 사용한 결과 지구 온난화, 이상 기후, 인구 증가에 따른 자원 고갈 등 여러 가지 문제가 나타났다.

세계 인구는 지금도 계속 증가해 금세기 중반에는 100억 명에 도달할 것으로 예측된다. 지구는 인구 증가와 기후 변동에 따른 환경 악화라는 이중고에 시달린다는 이야기다. 우리가 이대로 화석 연료를 계속 사용하면 지구는 평형 상태를 유지하지 못하게 될지도 모른다.

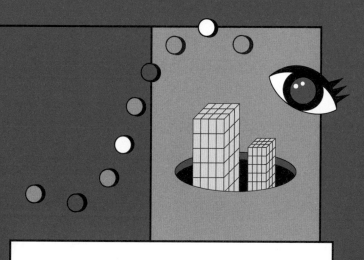

제7장 화석 연료

산업 혁명과 경제 성장을 이끈 원동력

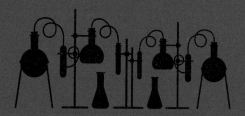

탄소 문명의 시작

화석 연료는 지구에 오래전에 살았던 식물이나 미생물의 사체가 땅속에 퇴적되어 오랜 세월 지질학적, 화학적 변화를 거쳐 생성된다. 석탄은 주로 식물이, 석유와 천연가스는 주로 해양성 플랑크톤 등의 미생물이 기원이라고 알려져 있다. 이러한 화석 연료는 인류 문명의 발전을 위해 없어서는 안 될 에너지원이며, 산업 혁명 이후 폭발적인 경제 성장을 이끌어 왔다.

화석 연료의 탄생

화석 연료의 생성 과정은 종류에 따라 다르다. 석탄은 식물이 땅에 묻혀 산소가 적은 환경에서 분해되는 과정 중에 서서히 수분과 휘발성분이 빠져나가면서 탄소 농도가 높아져 형성된다. 이 과정은 수백만 년 이상 긴 시간에 걸쳐 천천히 진행된다. 석탄은 이탄(진흙에서 나온 숯), 갈탄(갈색을 띠는 석탄), 아탄(저품질 석탄), 역청탄(낮은 에너지 효율을 가진 석탄의 초기 단계), 무연탄(연기가 거의 나지 않는 고품질 석탄)의 단계로 변화하는데[1] 이 변화는 지구의 환경 변동과 밀접한 관계가 있다. 석탄은 종류에 따라 탄소량과 발열량, 이용 방법이 다르다. 가령 무연탄은 탄소 함량이 높은 고품질 연료로 산업 혁명기에 증기 기관을 움직이는 중요한 역할을 했다.

석유나 천연가스는 주로 해양성 플랑크톤 등의 미생물이 해저에 퇴적된 뒤 박테리아의 분해와 지열 또는 지압에 따른 화학 변화를 통해 생성된다. 이 과정에는 케로젠kerogen이라고 부르는 유기물의 중간 생성물이 관여하는데, 케로젠의 조성이나 생성 환경에 따라 원유의 종류와 성질이 달라진다.

원유는 증류 같은 정제 과정을 거쳐 휘발유, 등유, 경유, 중유 등 다양한 석유 제품으로 나뉘어 현대 사회의 운송과 공업의 기반을 형성하고 있다.

---

1 식물이 완전히 분해되지 않고 퇴적된 것이 '이탄'이다. 이탄은 석탄화의 초기 단계로 이 상태에서 긴 세월에 걸쳐 지열이나 지압의 영향을 받아 서서히 수분과 불순물이 빠져나가면서 탄소 농도가 높아진다. 탄화 과정은 이탄→갈탄→아탄→역청탄→무연탄의 순서로 진행되며 무연탄이 가장 탄화된 석탄이다.

화석 연료는 지구에 얼마나 숨겨져 있을까?

지구에 얼마나 많은 화석 연료가 매장되어 있는지는 알 수 없다. 우리가 파악하고 있는 것은 현재 발견된 매장 장소와 그 양뿐이다. 지하 깊은 곳에 아직 발견하지 못한 자원이 잠들어 있을 가능성도 있으며 기술이 진보함에 따라 '가채 매장량'도 계속 변화해 왔다. 가채 매장량이란 현재의 기술로 화석 연료를 경제성 있게 채굴할 수 있는 매장량을 가리킨다.

최근에는 수평 시추법과 수압 파쇄법 같은 기술의 발달로 과거에는 채굴이 어렵다고 여겨졌던 셰일 가스shale gas나 셰일 오일shale oil의 채굴이 가능해졌다. 이것을 '셰일 혁명'이라고 부르며 에너지 공급에 큰 변화를 불러왔다(셰일이란 퇴적암의 한 종류로 미세한 점토와 입자가 오랜 시간 쌓여 단단하게 굳어진 암석이다).

셰일 혁명은 주로 미국에서 일어난 석유·천연가스 산업의 기술 혁신과 생산 확대를 가리킨다. 이 기술 혁신으로 미국의 석유와 천연가스 생산량이 급속도로 증가해 에너지 자급률이 대폭 향상되었다. 그 결과 2015년에는 40년 동안 유지되던 석유 수출 금지법이 해제되었고, 2019년에는 미국이 순 석유 수출국으로 전환되는 역사적인 전환점을 맞이했다.[2]

---

2 이에 따라 중동 국가나 러시아 같은 주요 석유 수출국의 영향력이 상대적으로 저하되어 지역 안보 상황에 변화를 불러왔다. 이는 미군의 세계 전개 전략에도 영향을 끼쳐 중동에서 아시아 태평양 지역으로 관심사가 전환되는 간접적인 요인이 되었다.

화석 연료의 고갈, 우리가 해야 할 일

가채 매장량을 현재의 소비 속도로 계속 사용한다면 앞으로 몇 년 후에 고갈될지를 나타내는 지표가 '가채 연수'다. 석탄은 약 130년, 석유·천연가스는 약 50년으로 생각되지만 이는 현시점에서의 계산일 뿐이다.[3]

1970년대의 오일 쇼크 이후 화석 연료의 유한성에 대한 위기감이 높아지면서 에너지 절약 기술의 개발과 재생 가능 에너지의 도입이 진행되었다. 그러나 여전히 화석 연료에 대한 의존도가 높아 에너지 문제의 해결은 긴급한 과제다.

화석 연료는 인류의 문명 발전에 크게 기여했지만 대량 소비로 인한 환경 오염과 자원 고갈 같은 심각한 문제도 일으켰다. 우리는 화석 연료의 유한성을 인식하고 재생 가능 에너지의 이용 확대와 에너지 효율 향상 등 지속 가능한 에너지 사회를 실현하기 위해 힘써야 한다. 에너지 믹스Energy Mix(에너지원의 다양화)는 에너지 안보의 관점에서도 중요하기 때문에 세계 각국이 에너지 믹스를 실현하기 위한 방안을 계속 모색하고 있다.

---

[3] 국제에너지기구(IEA), BP 통계 분석, 미국 에너지 정보청(EIA) 자료를 참고했다(2023년 기준).

화석 연료의 두 얼굴

화석 연료의 주성분인 탄소와 수소는 연소하면 각각 이산화탄소와 물로 변화해 에너지를 발생시킨다. 특히 이산화탄소는 지구 온난화의 주된 원인으로 우리의 생활에 많은 영향을 준다.

이산화탄소가 만든 뜨거운 지구

대기 속 이산화탄소는 태양에서 온 열을 지구에 가둬 기온 상승을 일으키는 온실가스의 일종이다. 온실가스에는 이산화탄소 외에도 메탄과 프레온 등 여러 종류가 있다. 산업 혁명 이후 화석 연료의 대량 소비 같은 인간의 활동이 대기 속 이산화탄소 농도를 급격히 증가시켰고, 이산화탄소는 지구 온난화의 주범이 되었다.

온실가스의 온난화 능력을 나타내는 지표로 '지구 온난화 지수GWP' 가 있다. 지구 온난화 지수는 이산화탄소를 1로 했을 때의 수치로, 예를 들어 메탄의 지구 온난화 지수는 25이며, 이는 온실 효과가 이산화탄소의 25배라는 의미다. 그러나 대기 속 농도 변화라는 측면에서 이산화탄소가 독보적인 까닭에 지구 온난화에 미치는 영향은 이산화탄소가 가장 큰 것으로 여겨진다.[4]

---

4 이산화탄소는 다른 온실가스와 비교했을 때 대기 속의 농도가 매우 높으며, 산업 혁명 이후 그 농도가 더 급속히 증가하고 있다(인간의 활동에 따른 화석 연료의 연소와 삼림 벌채 등이 주된 원인이다). 즉, 이산화탄소의 지구 온난화 지수 자체는 낮지만 대기 속 농도가 매우 높으며 계속해서 증가하고 있어 지구 온난화에 끼치는 영향이 가장 크다.

이산화탄소가 지구 온난화에 끼치는 영향은 대기의 온실 효과만이 아니다. 이산화탄소는 물에 녹는 성질이 있어서 바닷물에도 대량으로 녹아 있다. 그런데 수온이 상승하면 이산화탄소의 용해도가 낮아져 바닷물에서 대기 중으로 이산화탄소 방출량이 증가한다. 결국 지구 온난화로 해수의 온도가 상승하면 이런 현상이 가속화되어 온난화를 더욱 악화하는 악순환이 발생한다.

하늘에서 내리는 위험한 물

화석 연료에는 탄소와 수소뿐만 아니라 황과 질소 같은 불순물이 들어 있다. 특히 석탄에는 불순물이 많아서 연소할 때 황산화물이나 질소산화물을 발생시키고, 이는 대기 오염이나 산성비의 원인이 되어 인간에게 악영향을 준다.

황산화물이나 질소산화물은 대기 속에서 물과 반응해 황산 또는 질산 같은 강한 산으로 변한다.[5] 즉 황산이나 질산이 비에 녹아들고 산성비가 되어 지상으로 내려온다.

비의 산성도를 나타내는 지표로는 pH(수소 이온 지수)를 사용하며 값이 작을수록 산성이 강하다는 뜻이다. 본래 비는 공기 속의 이산화탄소가 녹아 있어 아주 약한 산성(pH 5.6 정도)을 띤다. 그러나 황산

---

5 황산화물은 주로 화석 연료가 연소할 때 발생하는 대기 오염 물질이며 이산화황이 대표적이다. 한편 질소산화물은 주로 자동차의 배기가스나 공장의 매연에서 발생하는 대기 오염 물질로 이산화질소가 대표적이다.

화물이나 질소산화물이 유입되면 비의 산성도가 이보다 높아져서 생태계나 건조물에 심각한 문제를 일으키는 '산성비'가 된다.

산성비가 일으키는 피해

산성비는 건축물이나 금속을 부식시키며 생태계에도 심각한 피해를 유발한다. 산성비가 건축물에 입히는 가장 큰 피해는 콘크리트의 부식이다. 콘크리트는 알칼리성이기 때문에 산성비를 맞아 중화되면 강도가 약해져 쉽게 균열이 발생한다. 그 균열에 산성비가 침투해 내부의 철근이 녹슬면서 팽창하면 콘크리트 구조물이 붕괴할 수도 있다.

산성비는 삼림과 호수의 생태계에도 치명적인 문제를 불러온다. 토양이 산성화되면 식물의 생육에 필요한 질소, 인, 칼륨 등의 무기 영양분이 녹아 나와 식물의 성장이 억제된다. 또한 호수의 산성도가 상승하면 어류나 수생 곤충 등의 생물이 사멸해 생태계의 균형이 무너지게 된다.

일본에서는 1950년대 말부터 1970년대에 걸쳐 미에현 욧카이치시에서 대기 오염으로 인한 집단 천식 장애, 일명 '욧카이치 천식'[6]이 발생해 사회 문제가 되었다. 원인은 석유 화학 콤비나트에서 배출된 대량의 황산화물이었다. 이 사건을 계기로 대기 오염 방지법이 제정되

---

6 1960년대 미에현 욧카이치시에서 대기 오염으로 인해 발생한 공해병으로 일본의 4대 공해병 중 하나다. 석유 화학 콤비나트에서 배출된 황산화물이 원인이 되어 1,000명이 넘는 주민이 천식 등의 호흡기 질환으로 고통받고 100명 이상이 목숨을 잃었다. 일상 생활에 지장이 있을 만큼 심한 기침과 호흡 곤란에 시달린 사람도 많았다.

는 등 환경 대책이 강화되었다.

산성비는 사막화를 가속하는 원인 중 하나이기도 하다. 산성비로 인해 토양이 산성화되면 식물의 생육에 필요한 칼슘이나 마그네슘 등의 알칼리성 물질이 녹아 나와 토양이 척박해진다. 게다가 산성비는 토양 속에 사는 미생물의 활동을 저해해 유기물의 분해를 방해하기 때문에 결과적으로 토양의 비옥도[7]가 저하된다.

그뿐만 아니라 보수력(흙이 수분을 보존하는 힘)도 약화된다. 토양 속의 점토 광물은 알칼리성 물질과 결합해 토양 구조를 안정시킨다. 그런데 산성비로 인해 알칼리성 물질이 중화되면 점토 광물이 분해되어 토양의 입자가 작아지고, 이에 따라 틈이 줄어들어 보수력이 저하되는 것이다. 이와 같은 토양의 열화는 식물의 생육을 어렵게 만들어 사막화를 촉진하는 요인이 된다. 사막화는 가뭄이나 과도한 방목 등 다양한 요인이 복합적으로 얽혀서 발생하는데 특히 산성비는 토양을 황폐화해 사막화를 가속한다.

근대화의 원천, 석탄

석탄은 고생대부터 신생대에 걸쳐 지구상에 번성했던 식물이 땅속

---

7   토양이 식물을 성장시키는 능력이다. 유기물이나 미네랄 같은 영양소의 함량, 물 빠짐, 통기성 등 다양한 요인에 의해 결정된다.

에 묻혀 산소가 적은 상태에서 아득하게 긴 세월 동안 지압과 지열에 변질되어 탄화한 것이다. 또한 인류가 본격적으로 이용한 최초의 화석 연료이며 18세기부터 20세기에 일어난 산업 혁명을 뒷받침한 주요 에너지원이다.

1804년에 등장한 세계 최초의 증기 기관차도 석탄을 연료로 사용했다. 석탄의 이용은 공장제 기계 공업의 발전을 촉진하고 대량 생산을 가능케 했다.[8] 이에 따라 사람들의 생활이 극적으로 변화했으며 도시화와 경제 성장이 가속화되었다.

고체 연료에서 다양한 에너지 형태로

석탄은 풍부하고 저렴한 에너지원이지만 고체인 까닭에 운반과 이용에 불편함이 있었다. 그래서 석탄을 더욱 다루기 쉬운 기체나 액체로 변환하는 기술이 개발되었다. 이런 변환 기술은 석탄의 이용 가치를 높였을 뿐만 아니라 근대 화학의 발전에도 크게 공헌했다.

공기를 차단하고 석탄을 가열 분해하는 '건류'는 고대부터 시행되어 온 기술이다. 건류를 통해서 얻는 '코크스'는 불순물이 적고 높은 열을 발생시켜 제철의 연료로써 필수적인 존재가 되었다. 18세기 영국에서는 철기 제조업자 에이브러햄 다비 1세Abraham Darby I가 석탄으

---

8 공장에서 증기 기관의 동력을 사용해 기계를 움직임으로써 제품을 대량 생산하는 공업 형태다. 도매상이 공장을 짓고 그곳에 노동자를 모아 분업 체제로 제품을 생산하는 공장제 수공업에서 발전했다.

로부터 코크스를 제조하는 방법을 개발해 철강업의 비약적인 발전을 이뤘다.

석탄을 건류할 때 얻는 점성의 액체인 '콜타르'에서는 벤젠, 톨루엔, 나프탈렌 등의 '방향족 화합물'aromatic compounds을 얻을 수 있다. 이 방향족 화합물은 염료, 의약품, 플라스틱 등 다양한 화학 제품의 원료로 이용되어 근대 화학 공업의 발전을 뒷받침했다. 그리고 석탄을 건류할 때 발생하는 가연성 가스인 '석탄 가스'는 도시가스로, 조명과 난방에 이용되었다.

석탄을 가스화해 일산화탄소와 수소의 혼합 가스를 얻는 기술도 개발되었다. 제2차 세계대전 중에 석유 자원이 부족했던 독일은 혼합 가스로부터 액체 연료를 합성하는 '피셔-트롭쉬법'Fischer-Tropsch process을 사용해 석탄에서 항공기용 연료와 휘발유를 제조했다.[9] 이 기술은 현재도 남아프리카 공화국에서 이용되고 있다.

1만 명을 삼킨 연기, 런던 스모그의 비극

석탄은 산업 혁명과 근대화에 공헌했지만 대기 오염과 지구 온난화라는 환경 문제를 일으켰다. 1952년 런던에서는 석탄 연소로 인한 스모그가 발생해 1만 명이나 되는 사람이 목숨을 잃었다. 기록에 따

---

9   피셔-트롭쉬법으로 얻을 수 있는 액체 연료는 경유, 등유, 왁스 등 다양하며 원하는 연료에 맞춰서 반응 조건과 촉매를 조정할 수 있다. 참고로 남아프리카 공화국은 석유 자원이 부족한 까닭에 석탄 액화 기술을 사용해서 연료를 생산한다.

르면 산성도 pH가 무려 2에 이르렀다고 한다.[10] '런던 스모그'는 대기 오염의 심각함과 환경 보호의 중요성을 인식하는 계기가 되었다.

현대에는 석탄 이용이 줄어들고 있지만 아직도 전 세계에서 수많은 석탄 화력 발전소가 가동되고 있다는 사실은 지구 온난화 대책에 큰 숙제다.[11]

옷, 약, 플라스틱까지? 변화무쌍한 석유

현대 사회에서 가장 대량으로 소비되고 있는 화석 연료는 석유다. 원유는 땅속이나 해저의 유전에서 채굴되는 기름 또는 타르(유기 물질을 고온에서 건류하거나 증류하는 과정에서 생성되는 물질) 형태의 끈적한 검은색 물질로 다양한 탄화수소의 혼합물이다.

원유를 증류하면 휘발유, 등유, 경유, 중유 등의 석유 제품을 얻을 수 있다.[12] 또한 증류 과정에서 마지막에 남는 피치 pitch(타르의 일종)

---

10 pH 2는 레몬즙(약 2.4)과 비슷한 수준의 강한 산성이다. 인간의 몸은 약알칼리성이어서 강산성인 안개에 장시간 노출되면 호흡기와 눈 점막에 심각한 피해를 입는다.

11 석탄 화력 발전소는 석탄을 연소해 발생한 열에너지를 이용하는 시설이다. 이산화탄소 배출량은 천연가스 화력 발전소의 약 2배, 태양광 발전의 약 70배로 추정된다.

12 원유를 증류 장치(증류탑)에 넣고 가열하면 끓는점이 낮은 성분부터 순서대로 기화하며, 탑의 상부에서 냉각되어 액체로 돌아간다. 이 액체를 회수해 다양한 석유 제품을 얻는다. 증류는 상압 증류와 감압 증류로 나뉘며 상압 증류로는 휘발유, 등유, 경유가 제조되고 감압 증류로는 중유, 윤활유가 제조된다.

는 아스팔트나 탄소 섬유의 원료로 이용된다. 석유는 산업 혁명 이후 인류의 문명을 비약적으로 발전시킨 원동력이다.

석유의 기원을 둘러싼 여러 가지 가설

석유의 기원에 관해 몇 가지 가설이 있다. 가장 유력한 설은 '유기 기원설'로 수억 년 전에 살았던 해양성 플랑크톤 같은 미생물의 사체가 변화했다는 설이다. '무기 기원설'은 지구 내부의 무기질적인 화학 반응을 통해서 석유가 생성되었다는 주장이다. 이 외에도 지구가 형성될 때 우주 공간에 존재하던 탄화수소가 들어와서 석유의 기원이 되었다는 '행성 기원설', 일부 미생물이 석유를 만들어 냈다는 '세균 기원설'도 있다. 각각의 설은 과학적인 근거에 바탕을 두고 있지만 아직 어떤 것이 맞는지 결론은 나오지 않았다.

석유 화학의 발전이 바꾼 인류의 역사

19세기 후반 석유의 증류 기술이 확립되자 석유 화학 공업이 급속도로 발전했다. 석유에서 얻을 수 있는 다양한 화합물은 합성수지(플라스틱), 합성 섬유, 합성 고무 같은 신소재 개발에 이용되어 우리의 생활을 풍요롭게 만들었다. 예를 들어 나일론이나 폴리에스테르 등의 합성 섬유는 천연 섬유보다 저렴하고 내구성이 높아서 의류의 대량 생산을 가능케 했다. 또한 플라스틱은 가볍고 가공이 간단하며 저렴해서 포장재, 용기, 가전제품 등 폭넓은 용도로 이용되고 있다.

석유 화학의 발전은 의약품과 농약의 개발에도 공헌했다. 석유에서 유래한 화합물은 항생제, 진통제, 살충제 등의 원료로 이용되어 인류의 건강과 식량 생산에 도움을 주었다.

액체 연료의 왕, 석유가 바꾼 세상

석유는 다음과 같은 우수한 특성 덕분에 산업 혁명 이후 주요한 에너지원으로 자리 잡았다.

첫 번째로 석유는 에너지 밀도[13]가 높다. 석탄과 비교했을 때 석유는 단위 중량당 발열량이 커서 효율적이다. 두 번째 특성은 액체라는 점이다. 액체는 기체보다 저장과 수송이 간편하므로 파이프라인이나 유조선 등을 이용해 효율적으로 대량 수송할 수 있다. 마지막으로 석유는 다양한 용도로 사용할 수 있다. 석유를 증류하면 휘발유, 등유, 경유, 중유 같은 다양한 연료와 화학 제품의 원료로 분리된다.

휘발유는 탄소 수[14] 5~10의 비교적 가벼운 성분으로 휘발성이 강하고 인화점도 낮아서 주로 자동차나 오토바이 등의 내연 기관 연료로 사용된다.[15] 등유는 탄소 수 10~15의 성분으로 휘발유보다 인화

---

13 어떤 물질의 단위 질량(또는 단위 부피)에 들어 있는 에너지의 양을 말한다. 에너지 밀도가 높은 물질은 적은 양으로 많은 에너지를 얻을 수 있다.

14 탄화수소 화합물에 들어 있는 탄소 원자의 수를 말한다. 탄소의 수가 많을수록 분자량이 크고 끓는점도 높아지는 경향이 있다.

15 일반 휘발유와 고급 휘발유의 주된 차이는 '옥탄가'라는 안티노크성을 나타내는 수치에 있다. 옥탄가는 휘발유에 들어 있는 이소옥탄과 n-헵테인의 비율에 따라 결정된다. 일본의 경우 일반 휘발유의 옥탄가는 약 89이고, 고급 휘발유의 옥탄가는 약 98이다. 옥탄가가 높을수록 압축 시에 자기 착화(노킹)가 덜 일어나서 고급 휘발유는 고성능 엔진이나 고압축비 엔진에 적합하다.

점이 조금 높아 비교적 안전하게 다룰 수 있어 난방이나 조리용 연료로 널리 이용된다. 경유는 탄소 수 15~20의 성분으로 디젤 엔진[16]용 연료로 쓰인다. 트럭, 버스, 건설 기계, 농업 기계 등의 원동력으로써 없어서는 안 될 존재다. 등유는 탄소 수 20 이상의 무거운 성분으로 선박이나 발전소 보일러 등 대형 원동력의 연료로 이용된다. 이런 특성으로 인해 석유는 증기 기관과 내연 기관의 연료로 산업 혁명 이후의 기술 혁신을 가속했다.

500년 전부터 사용된 천연가스의 비밀

천연가스는 메탄이 주성분인 무색무취의 기체로 지구상에 천연의 상태로 존재하는 화석 연료 중 하나다. 천연가스의 역사는 매우 오래되어서 중국에서는 기원전 500년경에 이미 대나무 통을 사용해서 천연가스를 운반해 조명과 난방에 이용했다는 기록이 남아 있다.

지구 깊은 곳에서 온 청정 에너지

천연가스의 기원은 주로 유기성인(자연적 및 생물학적 원인에 의해 발생)과 무기성인(화학적 및 물리적 과정에 의해 발생) 두 가지로 나뉜다. 유기성인 천연가스는 태고에 살았던 생물의 유해가 지열이나 지

---

16 경유를 연료로 사용하고 압축 착화를 통해서 동력을 얻는 내연 기관이다.

압에 의해 분해 및 변성되어 생성된 것으로 석유의 생성 과정과 밀접한 관계가 있다. 한편 무기성인 천연가스는 지구 깊은 곳에 있는 맨틀(지각과 핵 사이에 있는 층)에서 발생해 지표면으로 상승한 것으로 전해진다.

천연가스의 주성분인 메탄은 탄소 수가 적어서 연소할 때 석탄이나 석유에 비해 이산화탄소 배출량이 적고 황산화물도 거의 발생하지 않는다. 그래서 천연가스는 비교적 청정한 에너지원으로 지구 온난화 대책의 관점에서도 주목받고 있다.

수소 사회를 여는 천연가스의 가능성

천연가스는 청정한 특성으로 인해 발전, 도시가스, 공업용 연료 등 폭넓은 용도로 사용된다. 특히 최근에는 천연가스를 화력 발전의 연료로 이용하려는 움직임이 많아져 이산화탄소 배출량 감소에 기여하고 있다. 일본에서는 동일본 대지진 이후 많은 원자력 발전소의 가동이 중단된 상황에서 천연가스 화력 발전이 전력 공급의 중요한 역할을 맡고 있다.

천연가스는 메탄올(연료나 플라스틱의 원료로 이용되는 알코올의 일종)이나 암모니아(비료나 화학 제품의 원료) 같은 화학 제품의 원료로도 중요하다. 또한 천연가스로부터 수소를 생산하는 기술도 주목받고 있다. 수소는 연소해도 물밖에 발생하지 않는 깨끗한 에너지원으로 '수소 사회'를 실현할 열쇠가 될 것으로 기대된다.

그러나 과제도 있다. 천연가스는 기체이기 때문에 장거리 수송과 대량 저장을 위해서는 액화 천연가스LNG로 영하 162도까지 냉각하여 부피를 약 600분의 1로 축소해야 한다. 이 액화·운송 과정에 막대한 에너지와 비용이 들며 그 과정에서 온실가스가 배출된다.

기술 혁신과 천연가스의 미래

현재 천연가스를 더욱 청정한 에너지원으로 활용하기 위해 다양한 기술을 혁신하고 있다. 예를 들어 앞서 언급한 수소 제조 기술 외에도 천연가스를 연소시켜 발전할 때 생기는 이산화탄소를 포집 및 저장하는 기술Carbon Capture and Storage, CCS이 지구 온난화 대책으로 기대를 모으고 있다. 이미 노르웨이에서는 '슬레이프너 프로젝트'로 1996년부터 CCS를 이용해 이산화탄소를 포집하고 있다.[17] 이 프로젝트를 통해 연간 약 100만 톤의 이산화탄소를 비축할 수 있으며 개발 이후 이미 1,700만 톤이 넘는 이산화탄소를 저장했다. 즉, CCS로 인해 온실가스 농도를 낮추고 지구 온난화를 방지해 에너지 생산이 지속 가능한 방식으로 이루어질 수 있다. CCS는 향후 세계 에너지 공급에 중요한 역할을 담당할 것으로 기대된다.

한편 해상에서의 천연가스 액화와 수송 기술도 주목받고 있다.

---

17 노르웨이 북해에 위치한 슬레이프너 가스전에서 실시되고 있는 이 프로젝트는 천연가스로부터 이산화탄소를 분리해 해저 약 1,000미터의 사암층에 주입한다. 노르웨이 국영 에너지 회사 에퀴노르가 운영 중이며, 노르웨이 정부가 도입한 이산화탄소 배출세 덕분에 경제적으로 실현할 수 있게 됐다. 이 프로젝트의 성공은 CCS 기술의 유효성을 증명했다. 특히 시멘트 제조업이나 항공 업계 같은 '탈탄소'가 어려운 분야에서 중요한 도구가 될 것으로 기대된다.

LNG 기술로 천연가스를 액화해 부피를 크게 줄이고 수송하기 쉽게 만들어 육상 인프라에 의존하지 않는 새로운 에너지의 공급 경로를 확보할 수 있게 되었다. 이를 통해 천연가스의 수송과 공급의 유연성이 향상되어 전 세계 에너지 시장에 새로운 가능성을 가져다줬다. 이러한 기술 혁신은 천연가스를 더욱 깨끗하고 지속 가능한 에너지원으로 활용하기 위한 열쇠가 될 것이다.

새로운 화석 연료의 등장

최근에는 새로운 유형의 화석 연료가 주목받고 있다. 바로 셰일 가스와 메탄 하이드레이트methane hydrate다. 기존의 화석 연료와는 다른 특성을 가지는 이 새로운 에너지원은 공급 방법과 지구 환경에 큰 영향을 미칠 것으로 예상된다.

셰일 가스

셰일 가스는 혈암(셰일)이라고 부르는 퇴적암층에 존재하는 천연가스로, 기존의 천연가스보다 매장량이 훨씬 많다고 예상되어 에너지 자원으로써 기대가 높다.

2000년대에 미국에서 개발된 수평 시추법과 수압 파쇄법을 조합한 기술을 통해 셰일 가스의 상업적 생산이 가능해졌다. 이로 인해 미국은 천연가스의 순수출국이 되어 세계 에너지 시장에 많은 영향을 끼치고 있다. 다만 이 채굴 방법은 대량의 물 사용과 지하수 오염, 지진 유발 등의 환경 문제를 일으킨다. 그러므로 경제적 이익과 환경 보호의 균형을 잘 맞추는 것이 앞으로 셰일 가스 개발의 과제가 된다.

메탄 하이드레이트

메탄 하이드레이트는 저온 고압 조건에서 생성된다. 메탄 분자가 물 분자에 둘러싸인 구조를 갖는 물질로 셔벗과 비슷한 형태다. 불을 가까이 대면 타오르는 까닭에 '불타는 얼음'으로도 불린다.

메탄 하이드레이트는 주로 해저나 영구 동토층에 존재하며 일본 근해에도 세계에서 손꼽힐 만큼 많은 양이 매장되어 있는 것으로 추정된다.[18] 이 가채 매장량은 일본이 100년 이상 사용할 수 있는 양이어서 에너지 안보의 관점에서도 주목받고 있다.

일본 정부는 2013년에 세계 최초로 메탄 하이드레이트의 해양 산출 실험에 성공했으며[19] 2018년에는 정부 기관인 경제산업성이 '메탄 하이드레이트 자원 개발 계획'을 책정하는 등 메탄 하이드레이트 실용화를 위한 기술 개발과 상업화를 추진 중이다. 메탄 하이드레이트는 장기적으로 일본의 에너지 공급에 중요한 역할을 할 것으로 기대

---

18 영구 동토층은 1년 내내 영하의 상태가 계속되는 토양층이다. 일본 주변 해역에는 사층형 메탄 하이드레이트와 표층형 메탄 하이드레이트 두 종류가 존재한다는 사실이 확인되었다.

19 이 실험은 아이치현과 미에현 근해에 위치한 난카이 해곡(트로프)의 제2아쓰미 해구에서 실시되었다. 일본석유천연가스·금속광물자원기구(JOGMEC)가 주도해 약 12만 세제곱미터의 메탄가스를 생산했다.

된다.

그러나 메탄 하이드레이트로부터 메탄을 효율적으로 추출하는 기술과 채굴에 동반되는 환경 영향 평가 등 실용화를 위해 해결해야 할 과제가 많이 남아 있다. 특히 메탄 하이드레이트가 분해되면서 메탄이 공기 중으로 대량 방출되면 지구 온난화를 가속할 우려가 있어 신중한 연구 개발이 필요하다.

새로운 에너지에 대한 기대

인류는 오랜 역사 속에서 불을 에너지원으로 사용했다. 산업 혁명 이후에는 석탄, 석유, 천연가스 같은 화석 연료가 우리의 생활을 뒷받침했다. 그러나 화석 연료의 대량 소비는 지구 온난화와 대기 오염 같은 환경 문제를 일으켰다. 이제 화석 연료에 의존하지 않는 지속 가능한 에너지 사회의 실현이 시급하다.

셰일 가스나 메탄 하이드라이트는 화석 연료에서 벗어나는 중요한 선택지 중 하나다. 그러나 새로운 에너지원을 이용하기 위해서는 환경에 끼치는 영향을 최소화할 기술 개발이 필요하다. 우리는 화석 연료의 혜택에 감사하되 그 한계를 인식하고, 재생 가능 에너지의 이용 확대와 에너지 절약 등 지속 가능한 에너지 시스템을 구축하기 위해 노력해야 한다.

먼 훗날 역사책에서는 신종 코로나바이러스 감염증을 어떻게 평가할까? 팬데믹으로 인한 혼란과 공포는 이제 먼 과거의 일처럼 느껴진다. mRNA 백신이라는 새로운 과학 기술의 등장이 없었다면 이 위기를 극복할 수 없었을지도 모른다.

백신의 역사는 18세기 말 에드워드 제너가 종두를 개발하며 시작되었다. 그 후 다양한 백신이 개발되어 인류는 수많은 감염증을 극복했다. 그러나 감염증과의 싸움이 끝난 것은 아니다. 언제 새로운 위협이 찾아올지 알 수 없기에 우리는 방심하지 말고 끊임없이 새로운 위협에 대비해야 한다.

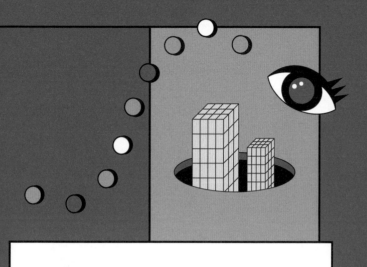

제8장

백신

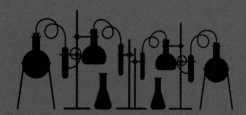

인류를 감염병에서 구한 히어로

역사를 뒤흔든 최악의 전염병

　인류는 탄생 이래 자신의 생명을 위협하는 수많은 적과 끊임없이 싸워 왔다. 그중에서도 눈에 보이지 않는 병원체가 원인이 되어 발생하는 감염증은 커다란 공포였으며, 역사 속에서 종종 문명조차 뒤흔들 만큼 사나운 위세를 떨치기도 했다.

흑사병의 공포와 과학의 시작

　14세기 유럽을 덮친 흑사병은 사회에 괴멸적인 타격을 입혔다. 감염자는 피부가 검게 변하고 고열, 림프절 부종, 폐 감염 증상을 보였다. 당시에는 효과적인 치료법이 없었기 때문에 약 2,500만 명이 목숨을 잃었던 것으로 추정된다.

전에 없던 혼란한 상황에서 수도사들은 환자를 치료하려고 노력했다. 그들은 온몸을 의복이나 가면으로 감싸고 새의 부리처럼 생긴 마스크를 착용했다. 마스크 속에는 당시 살균 효과가 있다고 믿었던 허브를 채워 넣었다. 이것은 현대의 아로마 테라피와 일맥상통하는 발상으로 당시의 의학 지식에 입각한 최선의 방책이었다.

흑사병의 유행은 유럽 인구의 약 3분의 1에서 절반가량을 죽음으로 몰아넣으며 사회 구조를 크게 바꾸었다. 노동력 부족은 농노 해방의 계기가 되어 봉건 제도의 붕괴를 가속화했고[1] 흑사병의 유행은 위생 관념의 향상과 의학의 발전을 촉진하는 계기가 되었다.

천연두의 위협과 종두법의 승리

16세기 유럽인이 아메리카 대륙에 가져온 천연두는 면역이 없는 원주민들을 덮쳐 많은 문명에 파괴적인 영향을 끼쳤다. 특히 잉카 제국이 큰 타격을 입어 후에 제국이 붕괴하는 원인이 되었다. 천연두의 증상은 고열, 발진, 고름 물집으로 증상이 심해지면 죽음에 이르는 감염성이 매우 강한 병이었다.

일본에서도 천연두가 맹위를 떨쳤다. 전국 시대(1467~1573)에 활약했던 센다이 번의 다테 마사무네伊達政宗는 애꾸눈인 것으로 유명

---

1   중세 유럽에서 성립된 봉건 제도는 영주가 농민에게 토지를 제공하고 보호해 주는 대가로 노동과 공납이 이루어지는 관계를 기반으로 한다. 농노 해방이란 봉건 제도에서 영주에게 예속되어 있던 농민이 자유를 획득하는 것을 말한다. 흑사병으로 인한 노동력 부족이 농노의 지위 향상과 해방을 촉진했다.

한데, 한쪽 눈을 잃은 원인이 천연두라고 한다. 또한 에도 막부 말기에 일본을 찾아온 미국의 사절단이 당시의 일본인에게 천연두 후유증인 마맛자국(켈로이드 형상의 울퉁불퉁한 흉터)이 있는 것을 보고 놀랐다는 이야기도 전해진다. 일본의 제121대 천황인 고메이 덴노後陽成天皇도 천연두로 목숨을 잃었다는 설이 있다.

18세기 후반 영국 의사인 에드워드 제너Edward Jenner는 소에게 감염되는 비교적 가벼운 질병인 우두(소에서 발생하는 천연두의 일종)에 걸렸던 사람은 천연두에 걸리지 않는다는 점에 주목했다. 우두 바이러스를 인체에 접종해 천연두 바이러스에 대한 면역을 만드는 획기적인 방법을 개발했다. 이것이 '종두법'이다. 종두는 약독화 또는 무독화한 병원체를 접종해 면역을 획득하는 예방법으로 천연두의 박멸에 크게 기여했다. 그 결과 1980년 세계보건기구WHO는 천연두의 근절을 공식 선포했다.[2]

인류를 구한 백신 개발

백신은 인류의 뛰어난 지혜와 과학의 진보가 만들어 낸 결정체이

---

2 천연두는 근절이 선언된 유일한 감염증이다. 천연두 바이러스는 인간만을 숙주로 삼으며 무증상 감염이 없었기에 박멸할 수 있었다. 다른 감염증도 백신이 존재하지만 천연두처럼 완전히 퇴치한 사례는 존재하지 않는다.

자 감염증과의 싸움에서 가장 강력한 무기다. 1796년에 영국 의사인 에드워드 제너가 천연두의 예방법으로 종두를 개발하면서 백신의 역사가 시작되었다.

소아마비에서 홍역까지, 백신 개발의 기적

제너가 개발한 종두법의 성공은 감염증 예방의 새로운 길을 열었다. 19세기에 들어서 프랑스 과학자인 루이 파스퇴르Louis Pasteur는 독성을 약화시킨 병원체를 사용하는 '생백신'과 죽은 병원체를 사용하는 '사백신'의 원리를 확립했다. 이는 제너의 종두법을 한 단계 발전시킨 것으로 광견병[3]과 콜레라 등의 백신 개발로 이어졌다.

한편 독일의 과학자 로베르트 코흐Robert Koch는 세균학의 기초를 쌓아 결핵균과 콜레라균 등의 병원체를 발견했다. 그의 연구는 감염증의 원인 규명과 진단법의 개발에 크게 공헌했으며, 이후 백신 개발의 속도를 올렸다. 코흐가 개발한 투베르쿨린 반응Tuberculin Reaction(피부에 극소량의 투베르쿨린을 흡수시킨 후 일어나는 피부 반응)은 결핵의 진단에 널리 이용되어 결핵의 조기 발견과 치료에 일조했다.

백신 개발은 20세기에 들어서며 더욱 가속화되었다. 소아마비, 홍역, 풍진 등 다양한 감염증[4]에 대한 백신이 개발되어 전 세계에서 예

---

3 감염된 개가 흉포해지고 침을 흘리며 물을 두려워하는 신경 증상을 보여 그렇게 이름
이 지어졌다. 이름과는 달리 모든 포유류가 감염되며 치사율이 100퍼센트에 이르는 뇌
염을 일으킨다. 다만 백신으로 예방할 수 있어서 일본에서는 1956년 이후 발병 사례가
없다.

방 접종이 시행되었고, 그 결과 수많은 감염증의 유행이 억제되어 사람들의 건강과 수명 연장에 도움을 줬다. 특히 1950년대에 개발된 소아마비 백신은 소아마비의 유행을 극적으로 감소시켜 전 세계 수많은 어린이의 생명을 구했다.

생백신 vs. 사백신, 어떤 차이가 있을까?

백신은 종류에 따라 면역의 획득 메커니즘과 효과, 안전성 등이 다르다. 백신의 종류는 크게 생백신, 사백신, 톡소이드 백신의 세 가지로 나뉜다.

생백신은 병원성을 약화시킨 살아 있는 바이러스나 세균을 사용하는 백신이다. 몸속에서 병원체가 소량 증식함으로써 자연 감염에 가까운 형태로 면역을 획득할 수 있어 강한 면역 반응을 끌어내며 효과가 오래간다는 특징이 있다. 파스퇴르가 개발한 광견병 백신은 이 생백신의 원리를 응용한 것으로 감염증 예방에 획기적인 발전을 가져왔다. 그러나 생백신은 면역력이 저하된 사람이나 임산부에게 접종할 경우 병을 유발할 위험성이 있다.

사백신은 살균 처리한 병원체나 그 일부를 감염증에 사용하는 백신이다. 생백신에 비해 안전성이 높지만 면역 반응이 약하고 효과의

---

4   소아마비(급성 회백수염)는 폴리오바이러스가 원인이며 '척수성 소아마비'라고도 부른다. 홍역은 홍역 바이러스가 원인으로 감염성이 강하다. 풍진은 풍진 바이러스가 원인이며 '독일 홍역'으로도 불린다.

지속 기간도 짧아서 여러 번에 걸쳐 접종해야 하는 경우가 많다. 사백신은 인플루엔자, A형 폐렴, B형 폐렴 등 다양한 감염증의 예방에 사용된다.[5]

톡소이드 백신은 병원체가 생산하는 독소를 무독화해서 만드는 백신으로 파상풍이나 디프테리아 예방에 사용된다. 이 백신은 병원체 자체가 아니라 독소에 대한 면역을 획득시키는 까닭에 안전성이 높다는 특징이 있다.

코로나바이러스로 탄생한 새로운 백신

2019년 12월에 발생이 확인된 신종 코로나바이러스 감염증으로 인해 mRNA(메신저 RNA) 백신이라는 새로운 유형의 백신이 주목받게 되었다. mRNA 백신은 기존 백신과 달리 병원체 자체가 아니라 병원체의 유전 정보 중에서 일부를 전달하는 mRNA를 접종한다. mRNA는 몸속에서 병원체의 단백질을 생성시켜 감염증에 대한 면역 반응을 일으킨다.

mRNA 백신은 개발 속도가 빠르다는 큰 장점이 있다. 기존 백신은 병원체를 배양하거나 정제해야 하는 이유로 개발을 완료하기까지 수

---

5 백신을 접종하면 팔이 부어오를 때가 있다. 백신에 들어 있는 바이러스는 화학 처리나 가열 처리를 통해 약독화 또는 불활성화하여 감염력을 잃었지만, 바이러스 표면에 있는 단백질(항원)은 그대로 남아 있다. 우리의 면역 시스템은 이 항원을 '적'으로 인식해 공격을 개시한다(그래서 백신을 접종한 부위에 백혈구가 모여들고 염증 반응이 나타난다). 면역 시스템은 '적'인 항원을 기억해 다음에 같은 바이러스가 침입했을 때 즉시 대처할 수 있게 된다. 이것이 백신 접종으로 면역을 획득하는 과정이다.

년씩 걸리기도 하는데, mRNA 백신은 유전 정보만 알면 단기간에 설계와 제조가 가능하다. 그러나 장기적인 안전성이나 유효성에 있어서는 아직 밝혀지지 않은 점도 있다. 또한 mRNA는 매우 불안정한 분자여서 초저온에서 보관 및 운송해야 하는 등 취급에 관한 과제도 남아 있다.[6]

항생제와 바이러스, 그 끝없는 대결

병의 원인이 되는 것을 병원체라고 부른다. 그렇다면 병원체의 정체는 대체 뭘까? '미균'[7]이라고 부르는 미생물도 병원체의 일종이지만 병원체에는 미생물 이외에도 다양한 종류가 존재한다.

생명체와 비생명체의 경계선

생물이란 영양 섭취, 자기 증식의 기능, 세포 구조를 가진 물질로

---

6 mRNA 백신은 1990년대부터 연구가 진행됐지만 기술적 과제 때문에 실용화되지 못하고 있었다. 그러다 2005년 커리코 커털린Karikó Katalin와 드루 와이스먼Drew Weissman이 mRNA 안정화 기술을 개발하면서 전환점을 맞았다. 그 후 신종 코로나바이러스 팬데믹으로 인해 백신 개발에 막대한 자금이 투입되고 임상 실험이 빠르게 진행되어 단기간에 실용화되었다. 두 사람은 이 공적으로 2023년에 노벨 생리학·의학상을 받았다.

7 일본에서는 '미균'이라는 표현을 일상적으로 사용하지만 엄밀히 말하면 과학 용어는 아니다. 일반적으로 세균, 바이러스, 진균(곰팡이) 같은 미생물을 가리킨다.

정의된다. 동물은 음식물을 섭취하고 식물은 광합성을 통해서 영양을 얻는다. 또한 생물은 유전 정보를 바탕으로 자기 복제를 하며 세포막으로 둘러싸인 세포 구조를 갖는다.

식중독이나 결핵의 원인이 되는 세균은 이 조건을 전부 충족하는 생명체다. 반면에 천연두나 인플루엔자의 원인이 되는 바이러스는 세포 구조로 되어 있지 않으며 대사계(생명 활동에 필요한 에너지를 만드는 시스템)도 없는 까닭에 생명체로 간주하지 않는다.[8] 바이러스는 단백질 껍질과 유전 정보를 가진 핵산(DNA 또는 RNA)으로 구성된 입자이며 다른 생물의 세포에 침입해 증식한다. 자신의 대사계를 갖고 있지 않아 다른 생물의 세포가 가진 단백질 합성 등의 기능(세포)을 이용해 자기 복제를 한다.

병원체와 항생제

20세기에 발견된 항생제는 인류의 세균 감염증 치료에 혁명을 불러왔다. 몸속에 주입된 항생제는 세균의 세포벽을 파괴하거나 단백질 합성을 저해하는 등의 방법으로 세균 증식을 억제하거나 사멸한다. 그러나 바이러스는 세포벽이 없기 때문에 항생제가 효과를 발휘하지 못한다. 그래서 바이러스 감염증에는 항바이러스제나 백신 같은 다른

---

8 바이러스는 크기가 세균의 10분의 1에서 100분의 1정도밖에 안 될 만큼 작아서 전자현미경으로만 관찰할 수 있다. 또한 지구상에서 가장 다양성이 풍부한 생물군 중 하나로 종류가 수백만 종에 이르는 것으로 추정된다. 한편 세균도 종류가 방대해서 지금까지 기재된 종만 수만 종에 이르며 실제로는 훨씬 많을 것으로 추측된다.

접근법이 필요하다.

백신과 항바이러스제, 어떤 차이가 있을까?

인류는 바이러스 감염증에 대항하기 위해 항바이러스제와 백신이라는 강력한 무기를 개발했다. 항바이러스제와 백신은 바이러스의 증식을 억제하거나 예방해 감염증의 확대를 막아 인류의 건강을 지켜왔다.

항바이러스제는 바이러스가 세포에 침입해 증식하는 과정의 특정 단계를 표적으로 삼아 효과를 발휘한다. 감염증이 발병한 뒤에 바이러스를 직접 공격하므로 증상을 줄이거나 중증화를 막는 효과를 기대할 수 있다. 그러나 쉽게 변이하는 바이러스의 특성상 약제에 내성을 지닌 바이러스가 출현할 가능성이 있어 끊임없이 새로운 약제를 개발해야 한다.

한편 백신은 바이러스 감염을 예방하기 위해 몸속에 면역을 만드는 것을 목적으로 삼는다. 백신은 감염증을 예방하는 데 유효한 수단이지만 효과에는 사람마다 개인차가 있으며 100퍼센트 예방을 보장하지는 않는다.

약독화 또는 무독화한 병원체를 접종해 자연 감염에 가까운 형태로 면역을 획득할 수 있는 생백신을 살펴보자. 홍역 백신의 유효율은 1회 접종일 때 약 93퍼센트, 2회 접종일 때 약 97퍼센트로 알려져 있다. 또한 풍진 백신이나 유행성 볼거리 백신의 유효율도 90퍼센트 이상으로 보고되고 있다. 이처럼 생백신은 한 번 접종으로 장기적인 면역 효과를 기대할 수 있다는 점에서 매우 효과적인 예방책이라고 말할 수 있다.

반면에 살균 처리한 병원체나 그 일부를 사용하는 사백신에는 인플루엔자 백신, A형 폐렴 백신, B형 폐렴 백신 등이 있다. 사백신은 생백신에 비해 안전성이 높다는 장점이 있지만 면역 반응이 약하고 효과의 지속 기간도 짧은 편이다. 그래서 인플루엔자 백신은 유행하는 바이러스 주strain에 맞춰 매년 접종해야 한다. A형 폐렴 백신이나 B형 폐렴 백신은 다회 접종을 통해 장기적인 면역을 획득할 수 있다.

병원체가 생산하는 독소를 무독화해서 만드는 톡소이드 백신은 파상풍이나 디프테리아 등의 예방에 사용되며 거의 100퍼센트에 가까운 효과를 기대할 수 있다. 독소 자체를 무독화한 까닭에 안전성이 높고 심각한 부작용의 위험도 거의 없다.

mRNA 백신의 유효율은 신종 코로나바이러스 감염증의 경우 임상 실험에서 90퍼센트 이상이라는 매우 높은 수치가 보고되었다. 그러나 실제 효과는 바이러스의 변이나 개인의 면역 상태 등에 따라 달라질 수 있다.

우리 몸의 슈퍼히어로, 면역 시스템의 정체

우리 몸은 해로운 이물질로부터 몸을 지키기 위해 면역이라는 정교한 시스템을 갖추고 있다. 태어날 때부터 갖추고 있는 '자연 면역'과 후천적으로 획득하는 '획득 면역'의 이중 방어 체계로 몸속에 침입한 병원체나 이물질과 싸운다.

자연 면역

자연 면역은 인간이 태어날 때부터 갖추고 있는 방어 시스템으로, 이물질의 침입을 빠르게 감지해 배제한다. 이 시스템을 담당하는 것은 주로 혈액 속에 있는 백혈구다. 백혈구는 종류가 다양한데 그중에서도 호중구(중성 백혈구)와 대식 세포가 이물질을 발견하는 즉시 공격해 잡아먹는다.[9] 특히 몸속에 침입하는 이물질의 대부분은 우리가 섭취한 음식물에서 발생하기 때문에 소화기관에는 전체 백혈구의 70 퍼센트가 존재하며 최전선에서 몸을 지킨다.

획득 면역

획득 면역은 과거의 감염 경험이나 백신 접종을 통해서 얻은 특정 병원체에만 반응하는 후천적 방어 시스템이다. B세포와 T세포 같은 림프구가 중심적인 역할을 하며, 항원-항체 반응이라고 부르는 복잡한 메커니즘으로 병원체를 공격한다.

항원-항체 반응은 몸속에 침입한 이물질(항원)에 대해 면역 시스템이 맞춤 항체를 생산해 항원에 결합함으로써 무력화하는 반응이다.

---

9   백혈구는 면역을 담당하는 세포의 총칭으로 골수에서 생산된다. 대식 세포는 호중구가
     미처 처리하지 못한 세균이나 죽은 세균을 포식하고 항원 정보를 림프구(특히 T세포)에
     전달해 특정 세균이나 바이러스에 면역 반응을 일으킨다.

구체적으로는 B세포가 항원을 인식하고 항체를 생산하여 항원을 중화하거나 파괴한다. 또한 항원과 항체가 결합하면 그 복합체를 대식세포가 인식해서 잡아먹을 때도 있다. 이런 과정으로 병원체가 효과적으로 배제된다.

백신은 획득 면역의 시스템을 이용한 감염 예방 방법으로 인류가 감염증과 싸우기 위해 없어서는 안 될 존재다. 약독화 또는 무독화한 병원체나 그 성분을 몸속에 주입하여 면역 시스템을 활성화해 항체를 만들게 한다. 이렇게 하면 실제로 병원체에 감염되었을 때 빠르게 병원체를 인식하고 처리할 수 있다.

면역 시스템의 과잉 반응

면역 시스템은 우리 몸을 지키기 위해 꼭 필요한 존재지만 그 반응이 과도해지면 알레르기나 아나필락시스 쇼크(중증 알레르기 반응으로 인한 급성 쇼크) 같은 문제를 일으키기도 한다. 알레르기는 꽃가루, 집먼지, 음식물 등 본래 무해한 물질(알레르겐)에 대해 과도한 면역 반응을 일으키는 현상이다.[10] 아나필락시스 쇼크는 특정 항원에 대해 급격하고 심각한 알레르기 반응이 일어난 상태로 생명을 위협할 수도 있다.

---

10 알레르기는 체질적인 요인과 환경적인 요인이 복합적으로 영향을 끼쳐서 발생한다. 특정 알레르겐에 대해 'IgE 항체'라는 특수한 항체가 과도하게 생산되어 알레르기 반응이 일어난다.

알레르기 전체에 대한 특효약은 없으며 현재로서는 각각의 증상에 대응한 개별 요법뿐이다. 항암제와 마찬가지로 유효한 항알레르기제의 개발이 필요하다.

암모니아는 질소 원자 한 개와 수소 원자 세 개가 결합한 구조로 언뜻 보면 물처럼 단순해 보인다. 그러나 이 단순한 물질이 인류에 헤아릴 수 없을 만큼의 빛과 어둠을 가져왔다.

암모니아는 두 개의 얼굴을 지녔다. 하나는 비료의 원료로 농업을 발전시켜 인류를 배고픔으로부터 구원한 천사의 얼굴이고, 다른 하나는 폭약의 원료로 전쟁을 격화해 무수히 많은 생명을 빼앗은 악마의 얼굴이다.

암모니아 합성법을 개발한 두 과학자는 '공기에서 빵을 만든 사람들'로 칭송받았지만 훗날 '공기에서 묘비를 만든 자들'이라는 비난을 받았다.

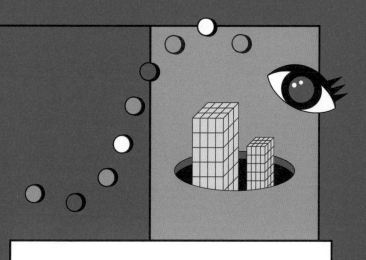

제9장

암모니아

화학 비료에서 폭탄 원료까지

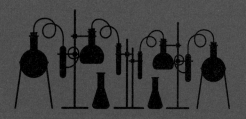

인구 증가와 식량 부족

유엔인구국UNPD은 전 세계 인구가 80억 명을 돌파했다고 발표했다. 유엔의 예측에 따르면 앞으로도 인구가 계속 증가해 2060년에는 100억 명에 도달하지만, 그 후에는 증가 속도가 줄어 100억 명대를 유지할 것이라고 한다.

인구 증가에 따른 가장 큰 문제는 바로 식량이다. 현재는 농업 기술의 진보와 국제적인 식량 분배 시스템 덕분에 대규모 기근 사태가 발생하지 않지만, 그렇다고 모든 사람에게 충분한 식량이 전달되고 있는 것은 아니다.

식물 성장의 비밀, 비료 속 질소의 역할

식량 분배는 국제 정치나 각국의 내부 사정 등 복잡한 요인이 얽혀 있기 때문에 단기간에 해결할 수 있는 문제가 아니다. 식량 생산이 원활히 이루어지더라도 갑작스럽게 식량이 필요한 상황에 대비해서 충분한 양을 비축해야 한다. 이를 위해 중요한 과제가 바로 농업 생산량의 증대다. 농업 생산량을 늘리기 위해서는 비료, 살충제, 살균제, 제초제, 등 화학의 힘이 꼭 필요하다. 특히 비료는 작물을 키우는 기반이 되기 때문에 매우 중요하다.

식물의 성장에 필요한 3대 영양소는 질소, 인, 칼륨이다. 질소는 줄기와 잎 등 식물체의 크기를 키우고, 인은 꽃이나 열매의 발육을 도우며, 칼륨은 뿌리의 성장을 촉진한다.[1] 이중 특히 중요한 것은 식물체의 생육에 필수적인 질소다. 질소는 대기의 80퍼센트를 차지하므로 사실상 무한히 존재하지만 식물 대부분은 기체 상태의 질소를 직접 이용하지 못한다. 그래서 수용성 화합물로 변환해야 한다.

자연에서 벼락 등의 방전을 통해 기체 질소가 질소산화물로 변환

---

1   질소가 부족하면 식물의 성장이 늦어지고 잎이 노랗게 변한다. 인은 식물의 에너지 대사와 유전자의 구성 성분이기에 중요하며, 칼륨은 침투압 조정과 효소 활성의 촉진에 관여한다.

2   벼락의 높은 에너지가 대기 속 질소 분자 N_2와 산소 분자 O_2를 반응시켜서 질소산화물 NO_x을 생성한다. 생성된 일산화질소 NO는 다시 산소와 반응해 이산화질소 NO_2가 되며 물과 반응해 질산 HNO_3을 생성한다. 질산이 비와 함께 지표면으로 내려오는 과정은 '뇌우로 인한 질소 고정'이라고 부르며 자연계 질소 순환의 일부를 담당한다.

되거나[2] 박테리아가 질소 화합물을 질산염으로 바꾸는 경우가 있다.[3] 그러나 그것만으로는 100억 명이나 되는 인구를 먹여 살리기에는 충분치 못하다. 그래서 대기 속 질소를 고체나 액체 상태의 질소 화합물로 고정하는 기술이 요구된다.

유기 비료의 한계

고대부터 중세까지 농업은 기본적으로 유기 비료, 즉 동물의 분변이나 식물의 퇴비 같은 천연에서 유래한 비료에 의존했다. 그러나 유기 비료에는 다음과 같은 문제가 있었다.

첫째, 유기 비료에 들어 있는 질소는 미생물의 작용에 의해 서서히 분해되면서 식물이 이용할 수 있는 형태로 변하기 때문에 시간이 오래 걸리고 공급량이 제한적이다. 둘째, 유기 비료는 영양소의 함량이 들쭉날쭉해서 식물이 필요로 하는 영양을 균등하게 제공하기가 어렵다. 셋째, 유기 비료의 효과를 충분히 얻으려면 대량의 비료를 사용해야 하는데, 많은 비료를 운반하고 밭에 뿌리는 과정이 힘들어서 오히려 농업 생산성을 저하시킨다.

이러한 원인으로 식물에 필요한 질소, 인, 칼륨 같은 영양소를 충분히 공급하지 못해 생산성이 낮은 상태가 계속됐다.

3　일부 박테리아(질소 고정 세균)는 공기 속 질소N_2를 암모니아NH_3나 그 밖의 질소 화합물로 변환한다. 이 과정을 '생물학적 질소 고정'이라고 부른다. 주요 질소 고정 세균으로는 아조토박터속과 리조비움속 등이 있다.

거듭되는 식량 부족

식량 생산성을 크게 개선하는 하버-보슈법이 개발되기 전까지 인류는 만성적인 식량 부족에 시달렸다. 식량 생산량이 인구의 증가를 따라잡지 못해 기근이 빈번하게 발생했다.

중세 유럽에서는 11세기부터 13세기까지 인구가 급증함에 따라 식량의 수요가 높아졌다. 그러나 14세기 초부터 '소빙하기'라고 부르는 한랭화가 진행되었고, 1315~1317년에 걸쳐 대기근이 찾아와 수많은 사람이 굶주림에 고통받았다. 14세기 중반에는 흑사병이 유행해 유럽의 인구가 크게 감소했지만,[4] 15세기 이후에 인구가 회복되자 또다시 식량 부족이 심각해졌다. 18세기 말부터 19세기 유럽에서는 산업 혁명이 진행됨에 따라 도시를 중심으로 인구가 급증했다. 그러나 농업 생산성이 인구 증가를 따라잡지 못해 식량 부족이 만성적인 문제로 자리 잡았다. 아일랜드에서는 1845~1849년에 감자 전염병으로 인한 대규모 기근이 발생해 수많은 사람이 목숨을 잃었으며 많은 사람이 다른 지역으로 이주해야 했다.

일본에서도 식량 문제는 심각했다. 고대부터 중세에 걸쳐 잦은 기후 변동과 자연재해로 수확량이 불안정한 탓에 기근이 자주 발생했다. 전국 시대에는 전란으로 농지가 황폐해져 각지에서 농민 반란이 일어났다. 에도 시대에는 막부가 농업 생산의 확대를 중시했지만, 18세

---

4 이때 교역로를 통해서 확산된 흑사병으로 인해 몽골 제국의 인구가 격감했고 이는 14세기 후반의 제국 붕괴로 이어졌다.

기 이후 소빙하기의 영향으로 냉해가 빈발해 대기근이 잇따랐다. 특히 덴메이 대기근(1782~1788년 심각한 기후 변화와 수확 부족으로 대규모 식량 부족과 굶주림이 발생한 사건—옮긴이) 때는 많은 사람이 굶어 죽었으며 사회 불안이 확대되었다.

화학 비료가 쏘아 올린 녹색 혁명

20세기 초엽 세계 인구의 폭발적 증가로 인류는 심각한 식량 위기에 처했다. 이 위기에서 인류를 구한 인물이 프리츠 하버Fritz Haber와 카를 보슈Carl Bosch다. 이들은 공기 속의 질소를 고정해 비료로 바꾸는 위업을 이뤄냈다.

무한대의 자원을 활용하는 연금술

1906년 하버는 공기 속 질소 가스와 수소 가스에서 암모니아를 합성하는 획기적인 반응을 발견했다. 이 반응을 실현하려면 고온·고압이라는 가혹한 조건이 필요했는데, 1913년에 보슈가 이 난제를 극복하고 질소의 공업화에 성공했다. 이렇게 해서 탄생한 '하버-보슈법'은 공기와 물이라는 무한대의 자원으로부터 식물 성장에 필수적인 질소 비료를 생성할 수 있는, 그야말로 현대판 연금술이라 부르기에 손색없는 기술이었다.

질소 비료의 놀라운 힘

이렇게 탄생한 질소 비료는 암모니아를 원료로 사용해 화학적으로 합성한 것으로 '화학 비료'라고 부른다. 화학 비료는 천연 비료에 비해 성분이 안정적이어서 식물이 필요로 하는 영양소를 효율적으로 공급할 수 있다.

하버-보슈법으로 얻은 암모니아를 질산이나 황산과 반응시키면 질산암모늄이나 황산암모늄 같은 화학 비료를 간단히 만들 수 있다. 질소가 풍부한 비료 덕분에 농업 생산성이 크게 향상되고 작물의 수확량이 비약적으로 증가했다. 그 결과 세계적인 식량 부족 해소에 큰 도움이 되었다. 이 기술 혁명은 '녹색 혁명'의 초석이 되었으며 20세기 인구 증가의 원동력이 되었다.

르샤틀리에 법칙

하버-보슈법의 반응 조건은 언뜻 화학의 중요한 법칙인 '르샤틀리에 법칙'Le Chatelier's Principle과 모순되는 것처럼 보인다. 르샤틀리에 법칙은 간단히 말해 '화학 반응은 변화를 상쇄하는 방향으로 나아간다'는 것으로, 예를 들어 온도가 오르면 온도를 낮추는 방향으로 반응이 진행된다. 암모니아 합성 반응은 발열 반응이므로 르샤틀리에 법칙에 따르면 저온·고압 조건이 유리하다.

그러나 하버-보슈법은 고온·고압 조건을 채용했다. 반응 속도를 높임으로써 좀 더 효율적으로 암모니아를 생산하기 위해서다. 화학 반응의 속도는 온도가 높을수록 빨라진다. 하버와 보슈는 반응의 평형 상태에 주목하기보다 반응 속도를 높여 단위 시간당 암모니아 생산량을 늘리는 쪽을 선택했다. 이 선택은 이론과 현실의 싸움에서 탄생한 공업적으로 최적인 조건이었다.[5]

하버-보슈법과 제1차 세계대전

제1차 세계대전 당시 독일은 영국의 해상 봉쇄로 인해 화약 제조에 필요한 질산의 중요한 공급원인 질산칼륨의 수입이 막혀 곤란한 상황에 처했다. 이때 위기를 타개한 수단이 바로 하버-보슈법이었다. 독일은 공기 중의 질소에서 암모니아를 합성하고, 그것을 질산으로 변환한 후 칼륨과 반응시켜 화약의 원료인 질산칼륨을 확보했다. 즉, 하버-보슈법은 식량 생산을 늘릴 뿐만 아니라 전쟁을 지속할 수 있게 했다.

하버는 암모니아 합성법을 개발한 공로로 1918년에 노벨 화학상을 받았다. 보슈 또한 고압 화학적 방법을 개발한 공로로 1931년에 노벨 화학상을 받았다. 그러나 하버가 독가스의 개발에 관여[6]한 사실과 하

---

5 요리로 바꿔 생각하면 르샤틀리에 법칙은 '푹 끓이는 요리는 저온에서 오래 끓여야' 제일 맛있다는 것이다. 반면에 하버-보슈법은 '재료를 고온에서 빠르게 볶음'으로써 단시간에 풍부한 감칠맛을 끌어내는 고온 단시간 조리법이다. 그들은 암모니아 합성이라는 요리에 대해 '시간을 들여서 끓인다'라는 상식적인 방법이 아닌 '고온에서 재빠르게 반응시킨다'라는 새로운 방법을 선택했고, 결국 반응 속도를 높여 효율적으로 암모니아를 생산하는 데 성공했다.

6 하버는 제1차 세계대전 중에 독일군의 요청으로 열심히 독가스를 개발해 '화학 병기의 아버지'로도 불린다. 실제로 1915년에 염소 가스가 최초로 사용되었을 때는 전선에서 공격을 지휘했다는 기록도 있다. 유대인이었던 그는 나치가 정권을 잡자 독일을 떠나 스위스에서 말년을 보냈다.

버-보슈법이 전쟁에 이용되었다는 사실은 그들의 업적에 어두운 그림자를 드리웠다.

화학 폭약과 식민지 지배

질산칼륨은 인류의 문명을 가속했으며 때로는 미래를 좌우할 정도의 힘을 가지고 있었다. 질산칼륨은 식물의 성장을 촉진하는 비료보다 폭약의 원료로 더 유명한 화합물이었다.

문명의 파괴자이자 창조자

폭발에는 화약을 사용한 폭발과 풍선의 파열처럼 불을 동반하지 않는 폭발이 있다. 화약을 사용한 폭발은 급격한 연소 반응으로 이해할 수 있다.

오래전부터 불꽃놀이나 총에 사용된 흑색 화약은 탄소, 황, 질산칼륨이라는 세 가지 물질로 구성된다. 탄소와 황은 연료의 역할을 하고 질산칼륨은 연소에 필요한 산소를 공급한다. 질산칼륨은 하나의 분자에 세 개의 산소 원자를 가지고 있어 화약의 폭발력을 높이는 데 없어서는 안 될 물질이었다. 흑색 화약의 발명은 전쟁의 형태를 바꿔 놓았으며 국가 간의 세력도를 새롭게 만들었다.

한편 화약은 창조의 힘도 가지고 있었다. 광산 개발과 토목 공사 등 평화적인 용도로 이용되어 산업 혁명의 원동력이 되었다. 또한 불꽃놀이는 제례나 축하 행사에서 사람들을 매료시키며 문화 발전에 공헌했다. 이처럼 질산칼륨은 문명의 빛과 그림자를 상징하는 존재라고 말할 수 있다.

질산칼륨을 만들기 위한 치열한 경쟁

자연계에서 질산칼륨은 동굴의 벽이나 건조 지대의 토양 등 한정된 장소에만 존재한다. 질산칼륨이 생성되려면 유기물과 박테리아, 알칼리성 환경이 필요하다. 동물의 배설물이나 부패한 식물이 질화균에 의해 질산염으로 변하고, 질산염이 칼륨과 결합해 질산칼륨이 생성된다.

질산칼륨은 질산 이온과 칼륨 이온으로 구성된다. 질산 이온은 강력한 산화제로 화약의 폭발력을 만드는 원료다. 칼륨 이온은 식물의 성장에 필요한 영양소로 비료의 원료가 된다.

18세기 질산칼륨은 화약의 원료로 국가의 군사력과 안보로 직결되는 전략 물자였다. 17세기부터 19세기에 걸쳐 유럽의 열강은 세계 각지에서 질산칼륨 광산을 둘러싸고 치열한 쟁탈전[7]을 벌였다.

---

7 영국은 인도에서 발견된 질산칼륨 광산을 독점해 막대한 이익을 얻었다. 질산칼륨은 화약의 원료로서 영국의 강력한 해군력을 뒷받침해 해상 무역의 지배와 식민지 획득에 공헌했다. 또한 질산칼륨 무역으로 얻은 이익은 산업 혁명을 가속해 영국을 경제 대국으로 끌어올렸다. 한편 영국과 식민지 획득 경쟁을 벌였던 스페인과 포르투갈은 신대륙에서 채굴하는 은에 의존했으며 질산칼륨의 안정적인 공급에는 어려움을 겪었다. 네덜란드는 향신료 무역으로 부를 축적했지만 질산칼륨은 수입에 의존해야 했고, 프랑스도 국내 생산량이 한정적이어서 영국의 독점을 뒤엎지 못했다.

질산칼륨의 생성 과정

사람이나 가축의 오줌 —미생물→ 암모니아

—질산균→ 아질산 또는 질산 —칼륨→ 질산칼륨

질산칼륨은 세계 전체를 둘러봐도 한정된 지역에서만 산출됐기 때문에 각국은 타국에 대한 공급을 거절하면서까지 질산칼륨을 확보하려고 혈안이 되었다. 그러나 질산칼륨을 제조하는 것은 쉬운 일이 아니었다. 질산칼륨은 전통적으로 사람이나 가축의 오줌을 짚에 적셔서 만든다. 오줌에 들어 있는 요소가 미생물에 의해 암모니아로 분해되면 암모니아는 질산균에 의해 아질산 또는 질산으로 산화되고, 최종적으로 짚에 들어 있는 칼륨과 결합해 질산칼륨이 생성된다. 암모니아는 질산칼륨 생성의 중간체로 중요한 역할을 하지만 이 과정은 악취를 동반하는 가혹한 작업이었기 때문에 종사하는 사람들에게 특별수당을 줘야 했다.

프랑스 과학자인 앙투안 라부아지에 Antoine Lavoisier 는 이런 상황을 해결하기 위해 질산칼륨의 성분 분석에 몰두했다. 그는 질산칼륨의 주성분이 질산칼륨임을 밝혀내고 질산칼륨의 정제법을 개량하는 데 성공했는데, 이 과정에서 연소 현상에 관한 의문을 품게 됐다. 당시에는 연소 현상을 플로지스톤설Phlogiston Theory로 설명했다. 프로지스톤 설에 따르면 물질이 불타는 것은 '플로지스톤'이라는 물질이 방출되기 때문이다. 그러나 라부아지에는 질산칼륨 정제 과정에서 관찰된 현상에서 플로지스톤 설에 모순을 느꼈다.

라부아지에는 연소 전후 물질의 질량을 비교하는 실험을 실시했다. 실험을 통해 연소 후 남은 재의 질량이 연소 전 물질의 질량보다 무겁다는 사실을 발견했다. 플로지스톤설이 옳다면 연소 과정에서 플로지스톤이 방출되므로 연소 후 질량이 줄어야 하는데 반대 결과가 나타난 것이다. 라부아지에는 이 결과를 바탕으로 '질량 보존의 법칙'을 이끌어 냈다. 화학 반응 전후 물질의 총질량은 변하지 않는다는 이 법칙은 화학의 역사에 한 획을 그은 발견이었다.

라부아지에는 1789년 프랑스 혁명이 발발한 후 세금 징수인이었던 경력이 화근이 되어 투옥되었고,[8] 1794년 '프랑스 인민에 대한 음모'라는 죄목으로 처형되었다. 유명한 천문학자인 조제프루이 라그랑주Joseph-Louis Lagrange는 "라부아지에의 머리를 잘라내는 것은 순간이지만 그의 두뇌를 가진 자가 나타나려면 100년은 족히 걸릴 것이다."라고 말하며 그의 죽음을 안타까워했다고 한다. 라부아지에의 비극은 과학과 정치의 복잡한 관계를 보여 준다.

---

8   부유했음에도 상당한 구두쇠였던 라부아지에는 취미용 실험 도구까지도 자신의 돈으로 사지 않았다고 한다. 사람들에게 미움받는 세금 징수인이자 서민들이 부러워할 만큼 높은 급여를 받는 화약초석공사의 관리인까지 맡고 있어 서민들의 반감을 샀다.

전쟁의 연료가 된 질산칼륨

18세기 말 하버-보슈법을 통해 암모니아 합성에 성공하자 질산칼륨의 안정적인 공급이 가능해졌고, 질산칼륨의 안정적인 공급은 화약의 대량 생산을 촉진했다. 그 결과 전쟁은 전에 없던 규모로 확대되었으며 장기화 양상을 띠게 되었다.

화학 구조가 전쟁을 바꿨다

화학의 발전과 함께 화약은 흑색 화약에서 니트로셀룰로스nitro-cellulose(면화약), 니트로글리세린nitroglycerin(다이너마이트), 트리니트로톨루엔TNT으로 진화했다. 이런 신형 화약은 공통적으로 '니트로기'nitro基 를 가진다. 니트로기는 폭발물의 분자에 들어 있는 특별한 구조로 폭발력을 높이는 작용을 한다. 니트로글리세린이나 TNT 같은 강력한 폭발물은 하나의 분자 속에 니트로기를 세 개나 가지고 있다. 즉, 니트로기의 수가 많을수록 폭발력이 강해지는 것이다. 요리할 때 기름진 식재료가 많을수록 불이 더 강하게 타오르는 것과 비슷한 원리다.[9]

하버-보슈법을 통한 암모니아의 대량 생산과 니트로 화합물계 화

---

[9] 니트로기의 수를 늘린다는 것은, 예를 들면 톨루엔에 니트로기를 도입하는 니트로화 반응을 여러 번 실시해 TNT처럼 여러 개의 니트로기를 가진 화합물을 만드는 것이다. 니트로기의 수가 늘어날수록 분자 속의 산소 균형이 향상되고 연소열도 증가하므로 폭발력이 더욱 강해진다.

약의 생산은 제1차 세계대전과 제2차 세계대전의 장기화, 대규모화를 초래한 요인이 되었다. 화학의 진보가 전쟁의 형태를 크게 바꿔 놓은 것이다.[10]

화학이 승패를 가른 러일 전쟁

러일 전쟁(1904~1905)에서 일본 해군은 시모세 마사치카下瀬雅允 박사 등이 개발한 피크르산 계열의 '시모세 폭약'을 사용해 러시아의 발트 함대를 격파했다. 당시 러시아 해군은 세계에서도 손꼽힐 만큼 강력했는데, 일본 해군은 시모세 폭약의 위력을 이용해 러시아 함대를 격침했다.

시모세 폭약은 피크르산picric acid이라는 니트로기를 포함한 화합물을 주성분으로 하는 폭약이다. 피크르산은 TNT보다도 폭발력이 강해서 일본 해군 포탄의 위력을 크게 높였다. 다만 피크르산은 산성이 강해서 포탄을 부식시키는 결점이 있었다. 이 때문에 서양 각국은 TNT를 주력 폭약으로 채용했지만 일본은 제2차 세계대전에서도 시모세 폭탄을 주력 폭탄으로 사용했다. 그 이유는 TNT의 원료인 톨루엔은 석탄을 건류해서 얻을 수 있는데 일본은 석탄 자원이 부족해 대량 생산이 어려웠기 때문이다.

---

10 TNT 외에 RDX(사이클로트리메틸렌트리니트로아민)이나 HMX(사이클로테트라메틸렌테트라니트로아민) 같은 더 강력한 폭약도 개발되었다. RDX는 사이클로트리메틸렌 고리에 네 개의 니트로기가 결합한 화합물로 폭발력이 매우 강력하다. 이런 폭약은 어뢰, 폭탄, 미사일 등에 사용되어 전쟁에 큰 영향을 끼쳤다.

반면 시모세 폭탄의 원료인 피크르산은 석탄산에서 합성할 수 있으며 일본에는 석탄산 생산 체제가 갖춰져 있어 비교적 쉽게 원료를 확보할 수 있었다. 또한 시모세 폭약은 폭속(폭발 반응이 전해지는 속도—옮긴이)이 빠르고 파괴력이 높아 항공기나 어뢰를 사용한 공격을 중시했던 일본군에 더 적합했다.

다이너마이트에서 ANFO 폭약으로

오랜 시간 전쟁용으로는 TNT, 민간용으로는 다이너마이트가 주로 사용됐다. 최근에는 다이너마이트를 대신해 ANFO 폭약이 널리 사용되고 있다. ANFO 폭약은 질산암모늄과 연료를 혼합한 것으로 성형이 용이하고 저렴하며 안전하게 다룰 수 있다.

질산암모늄은 암모니아를 질산으로 중화해 생성되는 질산염으로 강력한 산화제의 성질을 가진다. 연료유로는 경유나 등유 등의 탄화수소 화합물이 사용된다. 이것을 혼합하면 질산암모늄이 연료유를 산화하는 산화 환원 반응이 일어나 폭발이 일어난다.

ANFO 폭약의 가장 큰 이점은 경제성이다. 질산암모늄은 비료로도 대량 생산되기 때문에 저렴한 가격에 쉽게 얻을 수 있다. 연료유

---

11 1950년대부터 노천 채굴 광산에서의 암반 폭파, 대규모 댐 건설, 도로 건설, 빌딩 해체 공사 등 다양한 곳에 이용되고 있다. 일본에서는 도야마현의 구로베 댐이나 혼슈와 홋카이도를 연결하는 세이칸 터널, 도쿄만을 가로지르는 고속도로인 도쿄만 아쿠아라인 등의 건설에 쓰였다. 특히 구로베 댐을 건설할 때는 약 120만 톤(도쿄 돔 10개 분량)이나 되는 암석을 제거하기 위해 다량의 폭약으로 일본 최대 규모의 폭파 작업을 실시했다.

또한 일반적인 석유 제품이기에 입수가 수월하다. 그래서 ANFO 폭약은 TNT나 다이너마이트에 비해 훨씬 저렴한 비용으로 제조할 수 있다.

ANFO 폭약의 등장은 민간에서 폭약 이용을 크게 확대했다. 저렴하고 다루기 쉬워 광산 개발, 토목 공사, 건설 공사 등 폭넓은 분야[11]에서 이용되고 있다. 또한 군사용 간이 폭탄 제조에도 사용된다.

주변을 둘러보라. 플라스틱이 없는 곳이 있는가? 천장과 벽은 플라스틱으로 덮여 있고 커튼도 합성 섬유, 즉 플라스틱이다. 바닥에 깔린 매트도 플라스틱으로 만든 것이 많다. 문구나 식기는 물론이고 언뜻 목제로 만든 것처럼 보이는 테이블도 사실은 플라스틱(염화비닐)으로 덮여 있을지 모른다.

우리의 생활 공간은 대부분 플라스틱으로 채워져 있으며 천연 소재로 만든 물건은 거의 찾아보기 힘들다. 우리 몸을 만드는 단백질도 '천연 고분자'라고 불리는 플라스틱의 일종이다.

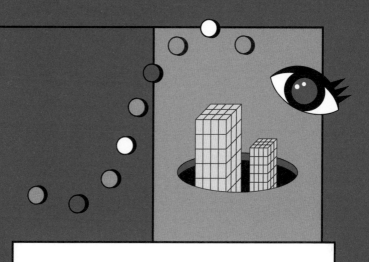

제10장

플라스틱

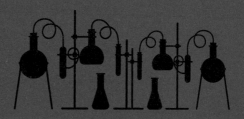

인류가 개발한 만능 물질

철기 시대에서 새로운 시대로

세계사에서의 시대 구분은 크게 석기 시대, 청동기 시대, 철기 시대로 나눈다. 각 시대의 시작과 끝은 지역과 민족에 따라 다르게 구분하지만 일반적으로 기원전 15세기경 히타이트족이 목탄을 사용해 철광석을 정련하기 시작했을 때를 철기 시대의 시작으로 여긴다. 그 후약 3500년이라는 긴 세월 동안 철기 시대가 계속되었다.

지금도 철기 시대일까?

21세기인 현재를 철기 시대라고 부르는 것은 시대착오적이라는 느낌이 든다. 오늘날 가정에서 철이 사용된 물건은 식칼, 식사용 나이프, 숟가락 정도일 것이다. 냄비나 프라이팬은 알루미늄제이며 표면에는 녹을 방지하기 위한 탄소제 플라스틱이 코팅되어 있다. '철의 여인'으로 불렸던 마거릿 대처 전 영국 총리도 이제 과거의 인물이 되었다. 더 이상 현대 사회를 철의 시대라고는 말하기 어렵다.

그렇다면 현대는 어떤 시대라고 불러야 할까? 누군가는 공항, 항만, 고속도로, 고층 건물 등 현대의 사회 기반 시설 대부분이 콘크리트와 유리로 구성되어 있다고 해서 신석기 시대라고 주장하기도 한다. 콘크리트와 유리는 세라믹의 일종이다. 하지만 그것들은 포장지에 불과할 뿐 내부를 구성하는 본질적인 물질은 따로 있다.

현대는 탄소 전성시대

콘크리트로 만든 건물의 내부는 탄소를 주성분으로 하는 목재로 장식되어 있으며 플라스틱 제품으로 채워져 있다. 사람들은 탄소 섬유로 만든 의복을 입고, 탄소가 들어 있는 식품을 섭취하며, 병에 걸리면 탄소 기반의 의약품으로 치료한다. 사회에서 생산 활동을 담당하는 기계들의 소재도 철에서 플라스틱으로 대체되고 있다.

플라스틱은 가볍고 가공성이 높으며 내식성이 뛰어나 우리 생활 속 거의 모든 곳에서 사용된다. 플라스틱 외에도 탄소 섬유, 그래핀graphene, 풀러렌fullerene 같은 다양한 탄소 소재가 전자공학, 에너지, 의료 등 폭넓은 분야에서 응용될 것으로 기대된다.

이처럼 오늘날에는 탄소를 기반으로 하는 기술이나 제품이 핵심적인 역할을 하고 있다. 그렇다면 철기 시대라고 부르는 것보다 '탄소기 시대'라고 부르는 편이 더 적합하지 않을까? 지표면에 풍부하게 존재하는 원소인 탄소의 가능성은 무한대라고 해도 과언이 아니다.

인류가 만들어 낸 만능 물질

플라스틱은 인류가 처음으로 인공 합성한 고분자 화합물이다.
그 역사는 19세기 중반 스위스 화학자인 크리스티안 쇤바인Christian
Schönbein 이 '니트로셀룰로스'를 발견하면서 시작되었다.

폭발적인 발견! 목화솜이 화약으로

쇤바인은 목화솜을 질산과 황산의 혼합액(혼산)에 담그는 실험을
하던 중 목화솜이 폭발성 높은 물질로 변화하는 것을 우연히 발견했
다. 그는 목화솜의 주성분인 셀룰로스가 질산(니트로)에 의해 폭발성
높은 물질로 변화한 것임을 밝혀내고 니트로셀룰로스라고 불렀으며
니트로셀룰로스를 화약으로 이용할 수 있다고 생각했다.

니트로셀룰로스는 그 후 다양한 용도로 이용되었다. 초기에는 무
연 화약이나 탄약 같은 군사적인 용도로 쓰였지만 필름, 도료(페인트
와 코팅제 등), 셀룰로이드 등의 원료로도 이용되기 시작했다.

셀룰로이드와 베이클라이트의 발명

19세기 후반 영국 화학자인 알렉산더 파크스Alexander Parkes 는 니트
로셀룰로스를 용제에 녹이고 가소제(합성 물질의 성질을 변화시키기 위

해 첨가하는 화학 물질)를 첨가해 셀룰로이드를 발명했다. 셀룰로이드는 상아의 대체품으로 당구공, 장식품, 사진 필름 등을 만드는 데 사용되었다.

1907년에는 벨기에 화학자인 리오 베이클랜드Leo Baekeland가 페놀 수지phenolic resin를 발명했다. 이것은 최초의 완전 합성 플라스틱으로 전기 절연 재료나 일용품에 널리 사용되었다.

세상을 뒤집은 거대한 분자

물질을 구성하는 가장 작은 단위는 원자이며 원자가 결합해서 분자를 형성한다. 분자의 크기는 다양한데 특히 큰 분자를 '거대 분자'라고 부른다. 거대 분자 중에는 불규칙적으로 큰 것(석탄 등)과 규칙적으로 큰 것(전분이나 폴리에틸렌 등)이 있다. 이 중 규칙적으로 큰 분자는 작고 구조가 단순한 단위 분자가 다수 결합하여 만들어진 것으로 분자의 무게로 인해 고분자라고 불린다.

고분자는 플라스틱이나 합성 섬유 등 우리 생활에 없어서는 안 될 재료로 널리 이용되고 있다. 그러나 20세기 초반에는 고분자의 구조에 대해 많은 논란이 있었다. 당시 다수의 화학자는 고분자를 구성하는 단위 분자가 서로 결합하지 않는다고 생각했다. 고분자의 분자량을 정확히 측정하기 어렵고 액체에 잘 녹지 않는 성질 때문이었다.

한편 독일 화학자인 헤르만 슈타우딩거Hermann Staudinger는 단위 분자가 결합해 있다고 주장했다. 슈타우딩거는 고무 연구를 통해 고분자의 구조에 의문을 제기했고 실험 결과로 확신을 얻었다. 특히 고분자의 점성과 빛의 성질에 관한 실험 결과가 새로운 설의 증거가 되었다. 슈타우딩거는 이 공로로 1953년 노벨 화학상을 받았으며 '고분자의 아버지'로 불리게 되었다.

슈타우딩거의 고분자설은 고분자 화학의 기초를 수립하고 발전에 크게 기여했다. 그의 혁신적인 연구는 플라스틱과 합성 섬유 같은 고분자 재료의 개발로 이어져 우리의 생활을 크게 바꿔 놓았다. 또한 고분자 구조의 해명은 생체 고분자인 DNA와 단백질 연구에도 영향을 주어 생명 과학의 발전에도 기여했다. 이처럼 고분자 연구는 단순히 재료 과학에 그치지 않고 생물학과 의학 등 수많은 분야에 걸쳐 큰 혁신을 일으켰다. 슈타우딩거의 업적은 과학의 발전과 인류의 생활 향상에 크게 기여했다.

나일론부터 폴리에틸렌까지, 고분자가 바꾼 세상

일반적인 고분자는 송진 등의 수지(나무에서 나오는 진액)와 마찬가지로 가열하면 부드러워지면서 모양이 변하고, 식히면 그 형태로 고정되는 성질을 가지고 있어 '합성수지', 즉 플라스틱이라고 불린다. 한편 녹은 플라스틱을 좁은 구멍이 있는 노즐(방사구)에 밀어넣고 고속으로 잡아당기면서 감으면 가느다란 실이 된다. 이것이 인조 섬유다. 플라스틱과 인조 섬유는 형상과 성질이 다를 뿐 화학적으로는 같다.

나일론이라는 인조 섬유가 개발된 이후 뛰어난 성질, 간단한 성형, 저렴한 제조 비용이 주목받아 계속해서 새로운 고분자 화합물이 개발 및 생산되었다. 특히 종류가 많았던 것이 폴리에틸렌류다. 에틸렌의 수소 원자를 적당한 원자로 치환한 비닐 유도체를 사용해 고분자화하면 염화비닐[1]이나 폴리에틸렌, 폴리프로필렌 등의 고분자가 만들어진다. 이렇게 만들어진 고분자 화합물이 이제 우리 주변을 가득 채우고 있다.

플라스틱의 종류와 산업

고분자는 다수의 단위 분자가 결합해 만들어진 거대 분자를 말한다. 고분자는 자연에 존재하는 것과 인공적으로 합성한 것으로 나뉘는데, 플라스틱은 인공적으로 합성된 고분자의 일종으로 다시 '열가소성 고분자'와 '열경화성 고분자'로 분류된다.

뜨거운 열에 변화하는 플라스틱의 두 얼굴

일반적으로 플라스틱은 가열하면 부드러워진다. 이처럼 가열하면 부드러워지는 고분자를 '열가소성 고분자'라고 부른다. 열가소성 고분자는 긴 끈 형태의 분자 구조로 되어 있어서 온도가 높아지면 분자가 열 진동을 시작해 이리저리 돌아다니며 모양을 바꾼다. 페트병이나

---

1 염화비닐이라고 하면 얇고 부드러운 비닐 필름이나 자유자재로 휘어지는 유연한 물건을 떠올리는 경향이 있는데, 염화비닐 자체는 유리처럼 투명하고 딱딱하다. 부드러운 것은 가소제가 섞였기 때문으로 가소제가 전체 중량의 50퍼센트 이상을 차지하기도 한다.

플라스틱 식품 용기는 열가소성 고분자로 만들어져 열을 가하면 부드러워지고 재성형이 가능하다.

반면에 열경화성 고분자는 3차원의 그물 구조여서 전체가 하나의 분자와 같은 상태이기 때문에 분자의 자유도가 없다. 그래서 가열해도 변형되지 않는다. 전기 플러그, 콘센트, 조리 기구의 손잡이는 열경화성 고분자다. 열경화성 고분자는 그물 구조 형성을 위해 원료에 '포름알데하이드'라는 유해 물질을 첨가한다. 원료 물질은 화학 반응을 통해 다른 구조로 변화하기 때문에 독극물을 사용해도 문제는 없다. 그러나 원료가 반응하지 않은 채 제품에 남는 경우 문제를 일으킬 수 있다. 대표적인 예가 바로 '새집 증후군'이다.

나일론의 발명과 그 영향

20세기에 들어서자 미국에서도 다양한 종류의 플라스틱이 개발되어 공업 제품이나 생활용품에 이용되기 시작했다. 1936년에는 미국 듀폰 사의 젊은 연구자인 월리스 캐러더스Wallace Carothers가 나일론을 발명했다. 비단보다 저렴하고 내구성이 뛰어난 나일론은 순식간에 전 세계로 퍼졌고, 특히 제2차 세계대전 이후 미국에서 유행한 나일론 스타킹은 여성 패션에 혁명을 불러왔다.

일본 플라스틱 산업의 발전

일본의 플라스틱 역사는 19세기 후반 셀룰로이드가 수입되면서 시작됐다. 1930년대에 들어서 일본은 국산 플라스틱인 페놀 수지의 생산에 성공했다. 앞서 언급했듯 베이클라이트라는 명칭으로도 널리 알려진 페놀 수지는 전기 제품의 부품, 일용품, 식기 등에 폭넓게 이용되었다.

제2차 세계대전 이후에는 일본의 플라스틱 산업이 급속히 발전했다. 특히 폴리에틸렌과 폴리프로필렌 같은 범용 플라스틱이 대량 생산되어 일상 속 수많은 제품에 스며들었다. 이 과정에서 일본 화학 회사인 스미토모화학은 고압법 제조 기술을 도입해 고품질의 폴리에틸렌 대량 생산에 성공했고, 나아가 독자적인 촉매 기술을 개발함으로써 폴리프로필렌의 제조에도 높은 경쟁력을 갖게 되었다.

1950년대에는 일본 화학·섬유 회사인 도레이가 일본 최초로 나일론6 생산 공업화에 성공했다. 도레이는 미국의 듀폰으로부터 나일론6의 제조 기술을 도입하고 이것을 독자적으로 개량해 고품질 나일론 섬유의 생산을 실현했다. 일본의 합성 섬유 산업은 기술 혁신을 통해 크게 발전했으며 세계 시장에서 경쟁력을 갖게 되었다.

그 밖에도 플라스틱은 일회용 주사기, 인공 혈관, 콘택트렌즈 등 의료 분야에서 사용되어 위생과 의료 발전에 기여했다. 또한 식품 포장이나 보존 용기에 사용되어 식품의 장기 보관을 가능하게 해 식량 문제의 해결에도 일조했다.

플라스틱이 바꿀 미래

20세기를 대표하는 이동 수단은 비행기와 자동차일 것이다. 비행기와 자동차의 개발은 거의 같은 시기에 진행되었는데, 경량화가 진행됨에 따라 자동차에 필수적인 소재가 등장했다. 바로 천연고무를 모방한 인조고무다.

인조고무의 보급과 자동차 산업

자동차가 보급되자 타이어와 튜브를 만드는 데 필수 소재인 고무의 수요가 급증했다. 천연고무를 생산할 때 고무나무에서 채취한 수액을 원료로 사용한다. 그런데 고무나무가 병으로 시드는 문제가 발생하여 수액의 공급 부족이 심각해졌다.

처음에는 천연고무에 황을 첨가해 탄력성을 부여한 가황고무를 주로 사용했지만 머지않아 과학자들은 천연고무를 대체할 소재 개발에 나섰다. 그 결과 탄생한 것이 '인조고무(합성고무)'다. 초기의 인조고무는 천연고무와 분자 구조가 완전히 똑같아서 '인조 천연고무'라고 부르는 편이 적절할지도 모른다. 그 후 연구 개발이 진행되어 황을 첨가하지 않아도 탄력 있는 고무, 내열성·내마모성이 뛰어난 고무 등 다양한 특성의 고무가 개발되었다. 이렇게 개발된 고무는 현대의 자동차 산업을 뒷받침하는 중요한 소재가 되었다.

플라스틱의 가능성을 넓히다

인조고무의 개발과 함께 플라스틱의 연구도 진행되었다. 플라스틱은 바구니, 쟁반, 가전제품의 몸체 등 우리와 친근한 물건의 재료로 사용되었다. 그러나 현대의 플라스틱은 단순히 용기의 재료에 머무르지 않고 특수한 기능을 가진 '기능성 고분자'의 형태로 우리 생활을 풍요롭게 만든다.

예를 들어 종이 기저귀에 사용되는 '고흡수성 고분자'는 자기 무게의 1,000배나 되는 물을 흡수할 수 있다. 이 기술을 적용해 토양에 혼합하면 수분을 장기간 유지해 식물의 성장을 촉진하고, 이를 통해 사막의 녹화 프로젝트에도 기여할 수 있다. 또한 '이온 교환 수지'는 바닷물을 민물로 바꿀 수 있어 구명보트 필수품으로 자리 잡았다. 그 밖에도 전기가 통하는 플라스틱이나 전기가 흐르면 진동하는 플라스틱 등 다양한 고기능 고분자가 개발되어 우리의 삶을 지원하고 있다.

건축의 미래를 바꾸는 플라스틱

최근 3D 프린터가 등장함에 따라 플라스틱의 가능성이 더욱 확대되었다. 3D 프린터를 사용하면 복잡한 형상의 플라스틱 제품을 간단히 만들 수 있어 특히 건축 분야에서 주목받고 있다. 기존 건축에서는 먼저 건물의 골조를 만들고 여기에 벽, 바닥, 설비 등을 설치했다. 그러나 3D 프린터를 사용하면 방 전체를 일체 성형으로 만들 수 있다. 이에 따라 조립과 설치 공사가 불필요해져 건축 공정이 크게 단축되고 비용이 절감된다.

3D 프린터로 만드는 건물은 플라스틱의 특성을 살려서 가볍고 내진성이 우수하며 디자인의 자유도가 높다는 장점이 있다.[2] 미래에는 방마다 다른 소재의 플라스틱을 사용하거나 개인의 취향에 따라 맞춤 제작을 할 수 있을지도 모른다. 또한 주택뿐만 아니라 교량이나 터널 같은 사회 인프라에도 응용할 수 있을 것으로 기대된다.

대량 소비 사회가 낳은 어두운 그늘

튼튼하고 가벼우며 저렴하고 기능이 다양한 플라스틱은 우리의 생활을 풍요롭게 하는 반면 심각한 환경 문제를 일으키고 있다. 대표적인 예가 일회용 플라스틱이다.

일회용 플라스틱은 편리하지만…

우리 주변은 플라스틱 제품으로 넘쳐난다. 칫솔, 컵, 비닐봉지, 빨대, 포장지 등 이런 제품 중에는 한 번만 사용하고 버리는 것이 많다. 전 세계에서 연간 약 3억 톤에 이르는 플라스틱이 생산되는데 그중 절반이 일회용 플라스틱이라고 한다.

---

2 강도를 불안하게 여기는 목소리도 있지만, 가령 수족관의 대형 수조에 사용되는 투명 아크릴판은 아크릴 수지를 접착제로 붙이는 대신 용제로 녹여서 일체화하는 '용제 접착'으로 만든다. 용제 접착은 아크릴 수지가 분자 수준으로 접착되기 때문에 강도가 매우 높아서 대형 수조처럼 수압이 높은 환경에서도 충분한 강도를 유지한다.

일회용 플라스틱은 소각 처분되기도 하지만 일부는 환경 속에 방치되다가 바다로 흘러든다. 바다에 떠 있는 플라스틱은 자연 경관을 해칠 뿐만 아니라 해양 생물에 심각한 악영향을 끼친다. 바다거북이나 물고기가 플라스틱을 먹이로 착각하고 삼켜서 생명을 잃는 사례도 적지 않다. 유엔 환경 계획UNEP의 보고에 따르면 매년 적어도 100만 마리의 바닷새와 10만 마리의 해양 포유류가 플라스틱 쓰레기 때문에 죽는다고 한다.

미세 플라스틱의 오염과 유해성

최근 들어서 특히 문제 되는 것이 미세 플라스틱이다. 미세 플라스틱은 5밀리미터 이하의 아주 작은 플라스틱 입자로 치약의 연마제 같이 의도적으로 제조된 것도 있지만 대부분은 커다란 플라스틱 제품이 자외선이나 파도에 열화되거나 부서져서 생긴다.

미세 플라스틱은 크기가 작은 탓에 회수가 어려워 바닷속이나 해저에 축적된다. 해양 생물이 미세 플라스틱을 섭취하면 먹이 사슬을 통해 오염이 퍼질 우려가 있다. 실제로 우리가 먹는 어패류에서도 미세 플라스틱이 검출되어 위험성이 지적되고 있다.

미세 플라스틱은 생물의 몸속에 축적되는 데 그치지 않고 유해 물질을 흡착하기도 한다. 만약 바닷속의 오염 물질을 흡착한 미세 플라스틱을 해양 생물이 섭취하면 오염 물질이 몸에 농축되며, 이에 따라 생태계 전체가 오염된다.

특히 우려되는 것은 먹이 사슬을 통한 유해 물질의 농축이다. 플랑크톤 같은 작은 생물이 미세 플라스틱을 섭취하면 그 플랑크톤을 물고기가 잡아먹고, 다시 그 물고기를 우리가 먹는 먹이 사슬의 과정에서 유해 물질의 농도가 단계적으로 상승한다. 먹이 사슬의 상위에 있는 생물일수록 고농도 유해 물질에 노출될 위험성[3]이 커지는 것이다. DDT 등의 농약 사례에서도 확인된 바 있는 생물 축적은 우리에게 미세 플라스틱 오염의 심각성을 말해 준다.

플라스틱과의 공존

플라스틱은 현대 문명을 지탱하는 중요한 소재지만 한편으로는 환경에 심각한 영향을 미치고 있다. 우리는 플라스틱의 편리성을 누리기만 할 것이 아니라 부정적인 측면에도 관심을 기울여야 한다.

탄소기 시대를 자랑스러운 시대로 만들려면 플라스틱 쓰레기 문제를 반드시 해결해야 한다. 일회용 플라스틱의 절감, 재활용 추진, 생분해성 플라스틱 개발 등 다양한 노력을 통해 플라스틱과 공존하는 지속 가능한 사회를 만들어야 한다. 동시에 한 사람 한 사람이 자신의 소비를 되돌아보고 플라스틱에 의존하지 않는 생활 습관을 만드는 것이 중요하다.

---

3   유해 물질에 접촉할 가능성이나 접촉을 통해 건강에 피해를 볼 가능성을 말한다. 미세 플라스틱은 해양 속의 해로운 화학 물질(폴리염화 바이페닐, 다이옥신 등)을 흡착하는 성질이 있다. 미세 플라스틱이 유해 물질을 운반하는 매체가 되고 생물이 이를 섭취할 때 고농도 유해 물질에 노출될 위험성이 커진다.

현대 사회에서 우리가 누리는 대부분의 편의에는 전기 에너지, 즉 전력이 동반된다. 전력을 얻기 위해서는 발전기를 돌려야 하는데 이때 수력이든 태양광이든 전력 이외의 에너지가 필요하다. 화력 발전을 주로 이용하지만 화석 연료의 고갈과 환경에 끼치는 영향을 생각하면 이 상태를 영원히 유지할 수는 없다.

현시점에서 화력 발전을 대신할 효율적인 에너지원은 원자핵을 이용하는 원자력 발전밖에 없다. 그렇다면 원자력의 위험성을 어떻게 피할 것인가? 여기에 인류의 미래가 걸려 있다고 해도 과언이 아니다.

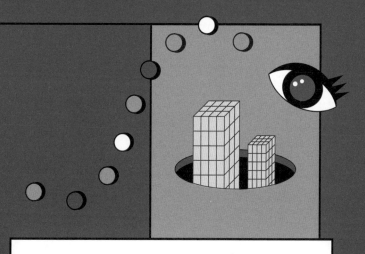

제11장

원자핵

미래 에너지 문제를 해결할 열쇠

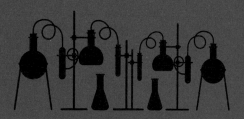

증오에서 태어난 거대한 에너지

그리스 신화에 따르면 인류를 만든 신 프로메테우스는 인간에게 불을 선물했다. 올림포스의 신들에게서 훔친 불을 갈대의 줄기 속에 넣어서 인간에게 전해 준 것이다. 이는 신들의 분노를 사는 행위였지만 인간을 사랑한 프로메테우스는 인간이 불을 사용해서 문명을 발전시키기를 바랐다. 인간은 불을 소중히 다뤄 몸을 덥히고, 요리를 하고, 맹수로부터 몸을 지켰다. 그렇게 발전한 인류는 이제 80억 명을 넘어섰다.

원자력의 불

문명이 발전함에 따라 인류는 프로메테우스로부터 멀어져 스스로 새로운 불을 발견했다. 바로 '원자력의 불'이다. '타오르는 불'이 프로메테우스의 축복이었던 데 비해 원자력의 불은 인간 사이의 증오에서 탄생했다.

제2차 세계대전 중에 핵무기 개발을 목적으로 원자력 연구가 시작되었고, 1945년 8월에 일본의 두 도시 히로시마와 나가사키에 원자폭탄이 투하되면서 세상에 알려졌다. 그 후 원자력은 평화적 이용으로 전환되었다. 그러나 출생 배경인 핵무기의 어두운 그늘을 완전히 떨쳐내지는 못했다. 강력하고 편리한 것은 분명하지만 탄생 경위 때문인지 늘 어두운 그림자가 따라붙는다.

작은 입자들이 터뜨린 에너지

원자력은 원자핵의 변화를 통해서 발생하는 에너지다. 우주에는 무수히 많은 물질(분자의 집합체)이 존재하지만 그 물질은 약 90종에 불과한 원자의 조합으로 이뤄진다. 원자의 중심에는 양성자와 중성자로 구성된 원자핵[1]이 있으며 그 주위를 전자가 둘러싸고 있다.

전자와 양성자는 전하[2]를 가지며 전하에는 플러스와 마이너스 두 종류가 있다. 전자는 '마이너스 전하를 가진 입자', 양성자는 '플러스 전하를 가진 입자'다. 이 입자들이 가진 전하의 양은 같아서 전자가 −1, 양성자가 +1이다.

---

1   중심에 있는 원자핵은 매우 작아서 지름이 원자 지름의 약 1만 분의 1에 불과하다. 그러나 밀도는 매우 커서 원자 총질량의 99.9퍼센트를 차지한다.

물질을 구성하는 원자는 일반적으로 전자와 양성자의 개수가 같다. 즉, 마이너스 전하와 플러스 전하의 양이 같으므로 원자 전체로는 전기적으로 중성이 된다. 예를 들어 탄소 원자는 전자를 여섯 개 가지며 원자핵에는 여섯 개의 양성자가 있다. 전자 한 개의 전하가 -1이므로 탄소 원자의 전자는 $-1 \times 6 = -6$의 전하를 갖게 된다. 한편 원자핵의 전하는 $+1 \times 6 = +6$이다. 따라서 원자 전체의 전하는 -6과 $+6$이 상쇄되어 0(중성)이 된다. 19세기까지 알려져 있던 화학 반응은 전부 전자의 변화에 따른 것으로, 원자핵은 관여하지 않는다.

원소에 숨겨진 숫자의 의미

원자핵은 플러스 전하를 가진 양성자와 전하를 갖고 있지 않은 중성자로 구성된다. 양성자와 중성자의 질량은 거의 같아서 각각의 질량수는 모두 1이다. 또한 원자핵에 있는 양자의 수를 '원자 번호'라고 부르며 양성자와 중성자를 합친 수를 '질량수'라고 부른다.

원자는 원자 번호와 같은 개수의 전자를 가지고 있기 때문에 원자 전체는 전기적으로 중성이 된다. 원자 번호가 같은 원자는 같은 원소로 분류된다. 그런데 원자 번호는 같지만 질량수가 다른 원자가 존재

---

2 전하는 물질이 가진 전기의 양이다. 전하에는 플러스(양) 전하와 마이너스(음) 전하 두 종류가 있다. 플러스 전하를 가진 물체와 마이너스 전하를 가진 물체는 서로를 끌어당긴다. 반대로 같은 종류의 전하를 가진 물체끼리는 서로를 밀어낸다. 가령 머리카락에 풍선을 문지르면 풍선에는 마이너스 전하가 쌓이고 머리카락에는 플러스 전하가 쌓인다. 그 결과 풍선과 머리카락이 서로를 끌어당겨서 풍선이 머리카락에 달라붙는다. 이런 현상은 전하가 작용하기 때문에 벌어진다.

한다. 이것을 '동위 원소'라고 부른다. 동위 원소는 중성자의 개수가 다른 원자다. 모든 원소에는 동위 원소가 있으며 원자력을 이해하는 데 중요한 역할을 한다.

원자핵의 종류를 표시할 때는 원소 기호의 왼쪽 위에 질량수를, 왼쪽 아래에 원자 번호를 표기한다. 예를 들어 우라늄-235[3]는 상단의 표와 같이 표기한다. 원소 기호를 알면 주기율표를 보고 원자 번호를 알 수 있다. 그러나 동위 원소가 존재하기 때문에 원자핵의 종류를 정확히 표시할 때는 일반적으로 원소 기호와 질량수를 모두 사용한다.

연금술에서 원자설까지

연금술의 사상이 퍼져 있던 중세 유럽에서는 비금속 원소를 귀금속 원소로 변환할 수 있다[4]고 믿었다. 그러나 18세기 후반부터 19세기에 걸쳐 앙투안 라부아지에와 존 돌턴John Dalton의 업적을 통해 원소가 원자로 구성된 안정적인 물질이라는 이론이 확립되었고 이에 따

---

3   우라늄-235는 우라늄의 동위 원소 중 하나로 원자핵에 92개의 양성자와 143개의 중성자를 가진 원자다. 우라늄-235는 천연 우라늄 광석 속에 들어 있지만 그 비율은 불과 약 0.7퍼센트로 매우 작다. 우라늄-235는 핵분열 반응을 잘 일으키는 성질이 있어서 원자력 발전이나 핵무기의 재료로 중요하게 사용된다.

4   연금술사들은 납이나 구리 등의 비금속에 특수한 처리를 해서 금이나 은 같은 귀금속으로 변환하는 실험을 했다. 비금속은 화학적으로 쉽게 반응해 부식되거나 산화하기 쉬운 금속이며, 귀금속은 화학적으로 안정되어 부식이나 산화가 잘 일어나지 않는 금속이다.

라 연금술은 쇠퇴해 갔다.

라부아지에는 실험을 통해 물질이 원소로 이루어져 있음을 증명하고, 화학 반응 전후로 물질의 질량이 변하지 않는다는 사실을 발견했다. 이것이 '질량 보존의 법칙'이다. 이 법칙은 화학 반응에서는 물질이 사라지거나 새로 만들어지는 것이 아니라 단순히 형태를 바꾸는 것에 불과하다고 설명한다.

한편 돌턴은 모든 물질이 원자라는 작은 입자로 구성된다는 '원자설'을 주장했다. 또한 같은 원소의 원자는 같은 성질을 가지고 다른 원소의 원자는 다른 성질을 가지며, 화학 반응은 원자의 조합이 변화해 일어난다고 설명했다.

그들의 발견과 이론은 현대 화학과 물리학의 기초가 되었다.

퀴리 부부의 연구

19세기 말부터 20세기 초엽에 걸쳐 마리 퀴리Marie Curie와 피에르 퀴리Pierre Curie 부부의 연구로 원자의 개념에 큰 변혁이 일어났다. 퀴리 부부가 우라늄의 방사선을 연구하는 과정에서 원자가 자발적으로 붕괴되어[5] 방사선[6]을 방출하면서 다른 원소로 변하는 것을 발견한 것

---

5   원자핵이 방사선을 방출하고 파괴되는 반응이다.

6   방사선에는 여러 종류가 있는데, 그중에서도 방사성 물질의 원자핵이 붕괴될 때 방출되는 대표적인 방사선으로는 알파선과 베타선이 있다. 알파선은 빠른 속도로 날아가는 헬륨의 원자핵으로, 알파 붕괴의 경우 원자 번호가 2 감소하고 질량수가 4 감소한다. 한편 베타선은 빠른 속도로 날아가는 전자로, 베타 붕괴의 경우 원자핵에서 전자가 방출되어 질량수는 변하지 않지만 원자 번호가 1증가한다.

이다.[7] 이 발견은 원자가 불변이 아니며 서로 변할 수 있음을 보여줬다.

퀴리 부부의 연구로 원자에는 안정성이 다른 두 종류가 존재한다는 사실을 알게 됐다. 하나는 에너지 상태가 낮아 안정적인 원자핵을 가진 것이고, 다른 하나는 에너지 상태가 높아 불안정하며 붕괴하기 쉬운 원자핵을 가진 것이다. 이 발견은 원자의 내부 구조와 방사성 붕괴를 이해하는 데 공헌했으며 현대 원자력 기술의 기초를 쌓는 동시에 기존의 원자관을 크게 바꾸어 놓았다.

퀴리 부부가 밝혀낸 원자핵 균형이란?

퀴리 부부의 발견을 바탕으로 원자핵의 안정성에 관한 이해가 깊어졌다. 원자핵의 안정성은 원자핵에 들어 있는 양성자와 중성자 수의 균형에 따라서 결정된다. 원자 번호(양성자 수)와 중성자 수의 비율이 적절한 범위 안에 있는 원자핵은 안정적이며, 그 균형이 무너지면 불안정해진다.

원자 번호가 너무 작은 원자핵, 예를 들어 수소$_H$(원자 번호 1)나 헬륨$_{Be}$(원자 번호 2)은 양성자끼리의 전기적 반발력이 약한 까닭에 핵융

---

7   우라늄의 동위 원소인 우라늄-238은 매우 불안정해서 먼저 알파 붕괴를 일으켜 헬륨 원자핵을 방출하고 토륨-234가 된다. 이어서 토륨-234는 베타 붕괴를 일으켜 프로트악티늄-234, 나아가 우라늄-234로 변화한다. 우라늄-234는 다시 알파 붕괴를 일으켜 토륨-230이 된다. 우라늄-238은 이와 같은 일련의 방사성 붕괴를 거쳐 최종적으로 라듐-226으로 변화하며, 이 과정에서 알파선과 베타선의 방사선이 방출된다. 퀴리 부부는 이와 같은 우라늄의 방사성 붕괴를 연구해 방사성 원소를 발견했다.

합 반응[8]을 통해서 더 안정적인 원자핵으로 변화하려 한다. 반면에 원자 번호가 너무 큰 원자핵, 예를 들어 우라늄(원자 번호 92)이나 플루토늄(원자 번호 94)은 양성자와 중성자의 수가 너무 많기 때문에 원자핵 분열[9]을 통해서 더 작은 원자핵으로 나뉘려 한다.

원자 번호 26인 철과 그 주변은 핵융합과 핵분열의 에너지 균형이 딱 맞아 가장 안정적이다. 철을 기준으로 철보다 원자 번호가 작은 원자핵은 핵융합을 통해서, 철보다 원자 번호가 큰 원자핵은 핵분열을 통해서 더 안정적인 상태로 변화하는 경향이 있다. 이와 같은 원자핵의 안정성에 관한 이해는 원자력 에너지의 이용과 방사성 물질의 관리에서 중요한 역할을 한다. 불안정한 원자핵의 에너지를 제어함으로써 원자력 발전이나 의료용 아이소토프(방사성 동위 원소)의 제조가 가능해진 것이다.

원자 폭탄과 수소 폭탄, 핵전쟁의 시작

원자력은 방대한 에너지를 만들어 낼 수 있는 잠재력을 지닌 과학 기술이다. 그러나 원자력의 이용은 평화적 이용과 무기 개발이라는

---

8   핵융합 반응은 두 개의 가벼운 원자핵이 합체해 하나의 무거운 원자핵이 되는 반응으로, 태양 같은 항성의 내부에서 일어나며 대량의 에너지가 방출된다.

9   핵분열 반응은 하나의 무거운 원자핵이 두 개 이상의 가벼운 원자핵으로 분열되는 반응으로, 원자력 발전에 이용된다. 이때도 대량의 에너지가 방출된다.

두 가지 측면을 가지고 있다. 여기에서는 원자 폭탄과 수소 폭탄의 개발 그리고 역사적으로 그 무기들이 불러온 비극과 교훈에 관해 이야기한다.

핵분열 vs. 핵융합, 원자핵의 에너지 싸움

원자핵이 더 높은 에너지 상태에서 더 낮은 에너지 상태로 변화할 때는 여분의 에너지가 방출된다. 이 원자핵의 변화를 '원자핵 반응'이라고 부르고 방출되는 에너지를 '원자력'이라고 부른다. 원자력은 물질을 구성하는 원자 사이의 결합이 변화하는 화학 반응 에너지와는 차원이 다른 거대한 에너지다.

우라늄 같은 커다란 원자핵이 분열되어 더 작은 원자핵이 되는 과정을 '핵분열 반응'이라고 하며, 이때 방출되는 에너지를 '핵분열 에너지'라고 한다. 한편 수소 같은 작은 원자핵이 두 개 합체해 헬륨 같은 큰 원자핵이 되는 과정을 '핵융합 반응'이라고 하며, 이때 발생하는 에너지를 '핵융합 에너지'라고 한다.

원자 폭탄 개발의 배경

20세기 초에는 퀴리 부부와 알베르트 아인슈타인이 원자핵 물리학을 급속히 발전시켰다. 퀴리 부부는 방사성 원소(방사선을 방출하는 원소)인 라듐과 폴로늄의 발견을 통해 방사능이라는 현상을 밝혀냈다. 아인슈타인은 특수 상대성 이론에서 질량이 에너지로 변환됨을 제시하며 질량과 에너지의 등가성($E=mc^2$)을 제창했다. 이에 따라 원자핵

반응을 에너지원으로 이용하는 것이 가능해졌다.

1938년 독일 과학자인 오토 한Otto Hahn과 프리츠 슈트라스만Fritz
Straßmann은 우라늄의 핵분열을 발견했다. 이 발견을 바탕으로 리제
마이트너Lise Meitner와 오토 프리슈Otto Frisch는 원자핵이 중성자 흡수
로 분열되어 방대한 에너지를 방출한다는 핵분열 이론을 정립했다.
나치 독일이 핵분열 반응을 이용한 원자 폭탄의 개발을 진행하자 미
국도 이에 대항해 '맨해튼 계획'Manhattan Project이라고 부르는 원자 폭
탄 개발 프로젝트를 비밀리에 시작했다. 이 프로젝트에는 나치의 박
해를 피해서 도피한 수많은 유대인 과학자도 참가했다. 원자핵 물리
학의 지식이 군사적으로 이용된 것이다.

독일에서 도피한 유대인 과학자 중 한 명인 실라르드 레오Szilárd
Leó는 핵 연쇄 반응의 개념을 제안한 인물로, 핵분열이 전쟁과 군사
적 목적으로 사용될 가능성을 남들보다 일찍 눈치채고 있었다(그 후
실라르드는 지속 가능한 핵 연쇄 반응을 최초로 실현했다). 애초에 맨해
튼 계획은 실라르드가 아인슈타인을 통해서 당시 미국 대통령이었
던 프랭클린 루스벨트에게 독일의 원자 폭탄 개발 가능성을 경고하
는 편지를 보낸 것이 그 계기였다. 즉, 독일에서 도피한 실라르드가
미국 정부에 원자 폭탄의 개발을 촉구했고, 그 결과 맨해튼 계획이 시
작됐다.

원자 폭탄의 투하와 개발 경쟁
1945년 8월, 미국은 일본 히로시마에 우라늄-235를 사용한 원

자 폭탄을, 나가사키에 플루토늄-239를 사용한 원자 폭탄을 투하했다.[10] 원자 폭탄을 사용한 공격은 일순간에 수많은 생명을 빼앗고 도시를 파멸했다.[11] 또한 방사성 물질로 인한 오염은 장기간에 걸쳐 사람들의 건강에 심각한 영향을 끼쳤다. 원자 폭탄의 사용은 과학의 군사적 이용이 가져오는 파괴력을 세계에 보여주는 사건이 됐다.

제2차 세계대전 이후 미국과 소련(소비에트 연방)은 핵무기 개발 경쟁에 돌입했다. 핵융합 반응을 이용한 수소 폭탄 개발이 진행되어 원자 폭탄의 파괴력을 훨씬 웃도는 무기가 속속 탄생했다. 1952년에 미국이 수소 폭탄 실험에 최초로 성공했고 이듬해에는 소련도 수소 폭탄의 개발에 성공했다. 1954년에는 미국이 태평양 비키니 환초에서 실시한 수소 폭탄 실험으로 일본의 참치 어선인 '제5후쿠류마루'가 피폭하는 사건이 일어났다. 이 사건으로 승무원이 급성 방사선 증후군으로 사망했으며, 이를 통해 핵무기로 인한 방사능 오염의 위험성이 세계에 알려졌다.

---

10 히로시마에 투하된 원자 폭탄은 '리틀 보이'라고 불렸으며 위력은 약 16킬로톤이었다. 또한 나가사키에 투하된 원자 폭탄은 '팻맨'으로 불렸으며 위력은 약 21킬로톤이었다. '리틀 보이'에 사용된 우라늄-235는 입수가 비교적 쉬웠지만 팻맨에 사용된 플루토늄-239는 자연에 거의 존재하지 않기 때문에 원자로에서 우라늄-238에 중성자를 조사해 생성했다. 이렇게 두 가지 방식의 원자 폭탄을 개발함으로써 기술적 실패의 위험성을 줄이고 폭탄의 성능과 파괴력 비교를 위한 데이터 수집의 의도가 있었던 것으로 생각된다.

11 1945년 12월 말 기준으로 히로시마시에서 약 14만 명, 나가사키시에서 약 7만 4,000명이 사망했으며 부상자는 두 도시를 합쳐서 약 15만 8,000명에 달했던 것으로 추정된다. 이후에도 많은 사람이 방사선 피폭에 따른 후유증으로 목숨을 잃었다.

냉전 시대에 미국과 소련은 핵무기의 개발과 배치를 거듭했고 인류는 끊임없이 핵전쟁의 위협에 시달렸다. 그리고 1961년에 소련은 폭발력 50메가톤(히로시마 원자 폭탄의 약 3,300배) 수소 폭탄 '차르 봄바'Tsar Bomba의 실험에 성공했다. 이 폭발력은 제2차 세계대전 중에 사용된 화약량의 10배에 해당한다.[12]

어둠의 무기에서 빛의 에너지로

제2차 세계대전 이후 핵무기 개발의 비참한 결과를 본 사람들은 목소리를 높여 원자력의 평화적 이용을 촉구했다. 아인슈타인을 비롯한 저명한 과학자와 원자 폭탄 개발에 관여했던 과학자들 사이에서도 반성의 목소리가 커졌다. 이런 분위기를 받아들인 당시의 미국 대통령 드와이트 아이젠하워는 1953년에 '평화를 위한 원자력'이라는 제목의 연설을 했고 이를 계기로 원자력 발전의 길이 열렸다.[13]

---

12 차르 봄바는 러시아어로 '폭탄의 황제'라는 의미다. 소련의 수뇌부는 애초 100메가톤의 폭탄을 계획했지만 이 경우 폭탄을 투하한 비행기가 무사히 귀환할 수 없기 때문에 위력을 절반으로 줄였다고 전해진다.

13 맨해튼 계획을 주도했던 로버트 오펜하이머처럼 핵무기의 윤리적 문제를 깊게 고민하고 핵 군축 운동에 참여한 사람도 있었다. 또한 아이젠하워의 연설은 국제원자력기구 IAEA의 설립으로도 이어졌다.

핵에너지의 숨은 역사, 우라늄과 토륨의 대결

원자력 발전에서 핵분열을 일으키는 원소(핵연료)로 우라늄과 토륨이 후보로 거론됐다. 우라늄은 지각 속의 존재율이 2.7ppm에 불과하며 핵연료로 사용할 수 있는 동위 원소인 우라늄-235는 천연 우라늄의 0.7퍼센트에 불과하다. 반면에 토륨은 지각 속의 존재율이 9.6ppm으로 우라늄보다 많으며 자연에서 발견되는 토륨은 거의 100퍼센트 토륨-232이므로 그대로 연료로 사용할 수 있다는 이점이 있었다. 그러나 최종적으로는 우라늄이 선택되었는데, 그 이유는 우라늄 핵분열의 부산물로 생성되는 플루토늄이 원자 폭탄의 재료였기 때문이다. 즉, 원자력 발전의 미래가 '전쟁에 도움이 되느냐 아니냐'의 관점에서 결정된 것이다.

우라늄을 선택한 데는 기술적인 이유도 있었다. 우라늄-235는 느린 속도의 열중성자를 흡수해 핵분열을 일으키는 데 비해 토륨-232는 일단 우라늄-233으로 변환해야 하며 그 과정이 복잡했다. 그래서 원자력 기술 개발 초기에는 비교적 다루기 쉬운 우라늄이 우선되었다. 우라늄-235를 농축하는 기술이 제2차 세계대전 이후 급속히 발전한 것도 우라늄 채용의 중요한 이유였다.

우라늄 농축 시설의 설립과 운용은 군사와 민간 양측의 핵에너지 이용을 위한 기반이 되었다. 그에 비해 토륨을 이용하는 기술은 개발이 늦어졌고 결국 주류가 되지 못했다. 다만 현재는 토륨의 이용 가능성이 재평가되고 있으며 더욱 안전하고 효율적인 원자력 발전을 실현하기 위한 연구가 진행 중이다. 토륨 연료는 고준위 방사성 폐기물의 생성량이 적고 핵무기로 전용하기가 어려워 핵 확산 위험이 낮기 때문에 미래의 에너지원으로 주목받고 있다.

핵분열로 전기를 만든다고?

원자력 발전은 원자로에서 발생한 열에너지를 이용해 발전기를 돌리는 방식이다. 먼저 핵연료(우라늄-235)를 사용해서 핵분열 연쇄 반응을 일으켜 열에너지를 만든다. 그 열로 물을 끓여 발생시킨 수증기를 이용해 발전기의 터빈을 회전시켜 전력을 얻는다.[14]

핵연료로 사용하는 우라늄에는 핵분열이 잘되는 우라늄-235와 핵분열이 잘 안되는 우라늄-238이 있다. 원자력 발전에 사용할 수 있는 것은 우라늄-235이지만 천연 우라늄 속에 들어 있는 비율은 고작 0.7퍼센트에 불과하다. 그래서 원심 분리기를 이용해 농도를 3~5퍼센트까지 높여서 사용한다.[15]

원자로를 어떻게 제어할까?

원자로 내에서 우라늄-235의 원자핵에 중성자가 충돌해 핵분열이 일어난다. 이 핵분열에서 복수의 중성자(여기에서는 간단히 설명하기 위해 두 개라고 가정하겠다)가 방출된다. 그리고 방출된 두 개의 중성

---

14 물을 끓여서 수증기를 만들고 이것을 발전기 터빈의 날개에 분사해 터빈을 돌리는 원리는 화력 발전과 비슷하다.

15 원자 폭탄에 사용하려면 90퍼센트 이상의 고농축 우라늄이 필요하다.

자가 각각 다른 우라늄-235에 충돌하면 다시 네 개의 중성자가 생겨나며, 이 중성자들이 또다시 다른 원자핵에 충돌하면 여덟 개의 중성자가 생겨나는 식으로 반응이 확대된다. 이를 '연쇄 반응'이라고 부르며, 연쇄 과정이 통제되지 않고 계속 일어나는 경우 최종적으로 폭발이 일어난다.

그러므로 원자로에서는 1회의 반응으로 생기는 중성자 수를 한 개로 억제해 반응의 규모를 일정하게 유지한다. 이 상태를 '임계 상태'라고 한다. 임계 상태를 유지하기 위해서는 남아도는 중성자를 흡수해 제거해야 하는데, 제어재(하프늄 등)가 그 역할을 한다. 제어재는 원자로의 출력을 조정하는 브레이크와 액셀러레이터 같은 존재다.

또한 핵분열로 발생한 중성자는 매우 빠른 속도(광속의 몇 분의 1)로 날아다니는데, 이런 고속 중성자는 우라늄-235에 효율적으로 반응하지 못한다. 효율적으로 반응시키려면 중성자의 속도를 낮춰 저속의 열중성자로 만들어야 한다. 그래서 중성자와 질량이 비슷한 물질(감속재)에 중성자를 충돌시켜 속도를 떨어트린다. 가장 간단하고 효과적인 감속재는 중성자와 같은 질량을 가진 수소 원자H의 집합체인 물H_2O이다.

물은 원자로에서 발생한 열을 외부로 운반하는 역할도 한다. 원자로에서 가열된 물(또는 수증기)은 발전기 터빈의 날개에 분사해 발전기를 돌려 전력을 만들어 낸다. 즉, 물은 중성자의 속도를 떨어트리는 감속재이자 열을 운반하는 열매체인 동시에 원자로를 식히는 냉각재다.

방사성 물질을 막는 원자로의 안전 장치들

원자로는 방사성 물질을 안전하게 취급하기 위해 원자로를 압력 용기로 덮고 그 바깥쪽을 격납 용기로 덮는 이중 구조로 이뤄진다. 압력 용기는 두께 약 20센티미터의 단조 스테인리스강으로 만들어지며 원자로를 보호하는 동시에 방사선으로부터 외부 환경을 보호하는 역할을 한다. 또한 외부의 격납 용기는 수 센티미터 두께의 단조 스테인리스강과 수 미터 두께의 콘크리트로 구성되어 있어서 만에 하나 압력 용기가 파손되더라도 방사성 물질의 확산을 막을 수 있다.

원자로의 중심 부분은 압력 용기 속에 있으며 여기에는 핵반응을 일으키는 연료체, 반응을 제어하는 제어봉 그리고 냉각수가 들어 있다. 연료체에는 우라늄-235 등의 핵분열성 물질이 들어 있어서 핵분열 반응을 통해 에너지를 방출한다. 제어봉은 핵연료 사이에 삽입되며 중성자를 흡수하는 재료로 만들어졌다. 제어봉을 연료체 사이에 깊게 삽입하면 더 많은 중성자를 흡수하게 되므로 핵반응이 억제된다. 반대로 제어봉을 뽑으면 핵반응이 활발해진다.

핵분열 반응으로 발생한 열은 1차 냉각수를 가열해 수증기로 바꾼다. 다만 이 수증기는 방사성 물질에 오염되어 있으므로 발전에 직접 사용할 수는 없다. 그래서 열교환기를 사용해 2차 냉각수에 열을 전달한다. 2차 냉각수가 원자로 외부에 있는 발전기의 터빈을 돌려서 전력을 만든다.

이처럼 원자로는 연료체, 제어봉, 냉각수, 압력 용기, 격납 용기 등 다수의 요소가 밀접하게 연계해 안전하고 효율적으로 설계된다. 또한 방호벽을 다중으로 설치해 방사성 물질이 외부로 새어 나갈 위험성을 최소한으로 억제한다.

원자력 사고와 방사능의 비극

원자로는 20세기의 과학 기술을 결집한 복잡하고 정교한 장치로 막대한 양의 에너지를 만들어 낼 수 있다. 그러나 일단 사고가 발생하면 방사성 물질이 새어 나와 환경 오염과 건강 피해 등 심각한 사태를 일으킨다. 특히 초기의 원자로는 군용 연구 시설인 까닭에 군사 기밀이라는 베일에 싸여 있었다. 세상에 알려지지 않은 채 은폐된 원자로 사고가 존재할 가능성이 있는 것이다.

방사선이 초래한 비극

원자로에서만 원자핵 반응으로 인한 사고가 일어나는 것은 아니다. 방사성 물질을 취급하는 시설에서도 관리를 소홀히하면 중대한 사고로 이어진다. 원자력 기술의 초기 단계에는 방사선의 위험성이 지금만큼 크게 인식되지 않았다.

방사성 원소 연구로 유명한 마리 퀴리는 라듐을 분리·발견하는 위대한 업적[16]을 남겼지만 방사성 물질을 맨손으로 만지는 등 오늘날에는 절대 생각할 수 없는 위험한 행동을 했던 것으로 알려진다. 이런 상태로 반세기 동안 연구를 한 마리는 심각한 백내장을 앓았으며 말

년에는 실명 상태였다고 한다. 직접적인 사인은 재생 불량성 빈혈이었지만 그 원인은 심각한 방사선 장애로 생각된다.[16]

마리 퀴리의 시대로부터 약 100년 후 일본에서 방사선 피폭으로 인한 비극이 또다시 반복되었다. 1999년에 이바라키현 도카이촌에 있는 핵연료 가공 시설JOC에서 일본 최초의 임계 사고[17]가 발생했다. 이 사고는 작업원이 핵연료 물질인 우라늄을 규정량 이상으로 취급하는 바람에 핵분열 연쇄 반응이 제어 불능 상태에 빠졌고, 그 결과 대량의 중성자선이 방출되어 일어났다. 본래 핵연료의 가공은 엄격한 절차와 안전 대책 속에서 실시되어야 하지만 JOC의 작업원은 작업 효율을 우선해 매뉴얼에 어긋나는 허술한 방법으로 우라늄 용액을 취급했다. 결국 임계 초과 상태에 도달해 작업원 두 명이 대량의 방사선을 뒤집어쓰고 사망했으며 한 명이 중상을 입었다. 또한 주변 주민들도 긴급히 대피하는 등 사회에 큰 충격을 안겼다.

인류의 경고가 된 원자력 사고들

역사에 남을 세 건의 대형 원자로 사고가 있다. 1979년 미국에서

---

16 마리와 함께 연구해 1903년에 노벨 물리학상을 공동 수상한 남편 피에르는 1906년 마차에 치이는 사고를 당해 세상을 떠났다. 한편 마리는 1911년에 노벨 화학상을 받았다(라듐과 폴로늄의 연구). 마리는 노벨상을 받은 최초의 여성인 동시에 두 번의 노벨상을 받은 유일한 여성 과학자다.

17 임계 상태란 원자핵 분열의 연쇄 반응이 일정하게 유지되는 상태를 가리킨다. 임계 사고는 임계 상태를 초과해 핵분열 연쇄 반응이 제어 불가능한 상태가 되어 방사선 피폭, 방사성 물질의 방출, 열적 영향 등 중대한 사태를 일으키는 사고를 의미한다.

일어난 스리마일섬 원자력 발전소 사고는 원자력 발전의 안전 신화를 무너뜨렸다. 사고의 발단은 2차 냉각 계통의 파이프가 이물질로 막힌 것이다. 이 때문에 2차 냉각수 펌프가 정지되었고, 그 결과 1차 냉각수를 냉각할 수 없게 되어 온도가 상승했다. 1차 냉각수의 온도가 상승하자 원자로 내부의 압력이 높아져 안전밸브가 열렸고, 방사성 물질을 포함한 대량의 1차 냉각수가 외부로 방출되고 말았다. 제어봉을 긴급 삽입해서 원자로는 정지했지만, 그 후 계기의 이상과 운전원의 조작 실수가 겹치면서 최악의 사태를 초래했다. 원자로에 냉각수가 없어 핵연료가 부분적으로 과열되어 녹아내리는 멜트다운에 이르렀던 것이다.[18] 이 사고는 인간의 실수와 기기의 설계 문제 등 복합적인 요인이 맞물려서 일어난 것으로 원자력 발전의 위험성을 새삼 인식시키는 계기가 되었다.

냉전 시대에는 원자력 개발이 군사적 이용과 밀접하게 연결되어 있었던 까닭에 원자로 사고가 은폐되기도 했다. 1986년 4월 26일에 소련(현재의 우크라이나)에서 발생한 체르노빌 원자력 발전소 사고가 대표적인 사례다. 체르노빌 원자력 발전소는 당시 건설한 지 얼마 안되었던 시설로 시운전 중에 폭발 사고가 일어났다. 출력을 20~30퍼센트로 억제해 시운전하려던 예정과 달리 조작 실수로 출력이 1퍼센

---

18 사고로부터 사흘 뒤에는 원자력 발전소에서 반지름 8킬로미터 이내의 학교가 전부 폐쇄되었고, 반지름 16킬로미터 이내의 주민에게 실내 대피 지시가 발령되었다. 또한 주변 지역은 공황 상태에 빠졌다고 한다.

트까지 저하되었다. 그러자 운전원은 안전장치를 해제하고 재가동을 시도했는데, 이번에는 출력이 급상승했다. 이에 황급히 제어봉을 삽입했으나 이 원자로에는 제어봉을 삽입하면 일시적으로 출력이 상승하는 설계상의 결함이 있었다. 당황한 운전원이 긴급 정지 버튼을 누른 6초 후 원자로가 폭발하고 말았다. 사고 당시 소련은 사고의 상세한 내용을 은폐하려 했지만, 다음날 스웨덴에서 고농도의 방사선이 검출되어 국제 사회에 충격을 안겼다. 그 후 원자로는 대량의 납과 콘크리트를 사용한 석관으로 봉쇄되었으며,[19] 사고로부터 40년에 가까운 세월이 흐른 현재도 출입 금지 지역으로 남아 있다.

체르노빌의 대형 사고부터 25년이 지난 2011년 3월 11일 동일본 대지진으로 인해 발생한 거대 쓰나미가 후쿠시마 제1원자력 발전소를 덮쳤다. 원자로가 지진 자체는 견뎌냈지만 쓰나미로 외부 전원을 잃자 원자로의 냉각 기능이 정지되어 노심 온도가 상승했다. 원자력 발전소는 냉각에 필요한 전력을 외부 전원에 의지한다. 냉각 기능을 잃은 원자로는 과열 상태에 빠졌고, 폭발을 막기 위해 비상문이 열리면서 방사성 오염수가 누출되었다. 게다가 사용한 핵연료 저장조도 냉각 기능을 상실함에 따라 과열된 연료봉이 물과 반응해 수소를 발생시켰고, 이 수소에 불이 붙어 수소 폭발을 일으켰다. 일련의 사고로

---

19 이 석관의 건설은 1986년 6월에 시작되어 11월에 완료되기까지 약 5개월이 소요되었고, 군대를 포함해 60만 명에서 80만 명의 작업원이 동원된 것으로 추정된다. 붕괴된 원자로와 건물을 전부 콘크리트로 둘러싸기 위해 50만 세제곱미터의 콘크리트와 6,000톤의 강재가 사용되었다.

후쿠시마 제1원자력 발전소는 심각한 손상을 입었으며 주민들은 장기간에 걸친 피난 생활을 해야 했다. 사고로부터 13년이 지난 현재도 피난 지시가 완전히 해제되지 않은 지역이 남아 있다.[20]

후쿠시마 제1원자력 발전소 사고와 1986년 체르노빌 원자력 발전소 사고는 국제 원자력 사고 등급INES에서 최악의 수준인 7등급으로 분류되었다. 7등급은 심각한 사고로 규정되며 건강과 환경에 광범위한 영향이 우려되는 사고다. 두 사고 모두 7등급이기는 하지만 방출된 방사성 물질의 양이나 사고 상황은 다르다. 체르노빌 사고의 경우 원자로 자체가 폭발해 대량의 방사성 물질이 직접 대기에 방출되었다. 한편 후쿠시마 제1원자력 발전소 사고의 경우, 원자로 건물의 수소 폭발로 방사성 물질이 방출되었지만 그 양은 체르노빌 사고보다 적었던 것으로 추정된다.[21] 그러나 후쿠시마 제1원자력 발전소 사고는 지진과 쓰나미라는 자연재해를 계기로 복합적인 요인이 작용했다는 점에서 원자력 발전소의 안전 대책에 관해 다시 생각하는 계기가 되었다.

---

20 이 책을 발행한 시점에 7개의 시정촌(미나미소마시, 도미오카정, 오쿠마정, 후타바정, 나미에정, 가쓰라오촌, 이타테촌) 중 일부 지역이 귀환 곤란 지역으로 설정되어 있다.

21 후쿠시마 제1원자력 발전소에서 누출된 방사성 물질은 체르노빌 사고와 비교했을 때 방사성 아이오딘이 약 10퍼센트, 방사성 세슘이 약 20퍼센트로 추정된다.

미래를 책임질 에너지원으로의 도약

화석 연료의 연소는 이산화탄소를 비롯한 온실가스를 배출하는 지구 온난화의 주된 요인이다. 산업 혁명 이후 경제 발전을 위해 대량의 화석 연료를 소비한 결과, 지구의 평균 기온은 지속적으로 상승하고 있으며 그 영향으로 기후 변화가 심각해졌다.

대체 에너지의 한계

지구 온난화는 이상 기후, 해수면 상승, 생태계 파괴 등 지구에 다양한 영향을 끼친다. 가뭄이나 홍수로 농작물의 수확량이 감소하면 식량 위기에 처할 수 있으며, 해수면이 상승해 연안부의 도시가 수몰되면 삶의 터전을 잃게 된다. 이것은 먼 미래의 이야기가 아니라 우리가 바로 지금 직면하고 있는 위기다.

지구 온난화 해결에 중요한 열쇠는 이산화탄소를 배출하지 않는 재생 가능 에너지다. 태양광 발전, 풍력 발전, 수력 발전, 지열 발전, 바이오매스 발전 등 다양한 재생 가능 에너지 기술이 개발 및 도입되고 있지만 아직은 과제를 안고 있다.

태양광 발전이나 풍력 발전은 기후에 좌우되기 때문에 안정적인 전력 공급이 어렵다. 또 대규모 태양광 발전소나 풍력 발전소를 건설하려면 광대한 토지가 필요하며 환경에도 영향을 끼칠 수 있다. 수력 발전은 댐 건설로 인해 생태계나 지역 주민 생활에 영향을 미칠 수 있다. 지열 발전은 화산 지대 등 한정된 지역에서만 이용할 수 있으며 발전 규모도 한정적이다. 재생 가능 에너지는 지구 온난화 대책으로 반드시 필요하지만, 현대 사회가 필요로 하는 대량의 에너지를 안정적으로 공급하기 위해서는 아직 넘어야 할 기술적인 과제가 남아 있다.

지진도 쓰나미도 걱정 없는 발전소

이런 가운데 이산화탄소를 배출하지 않는 원자력 발전이 재조명받고 있다. 그러나 원자력 발전에도 안전성이나 방사성 폐기물의 처리 등 해결해야 할 과제가 있다. 따라서 차세대 원자력 발전으로 안전성과 효율성을 높인 새로운 기술 개발이 진행되고 있다.

차세대 원자력 발전은 안전성을 최우선으로 삼아 기존의 안전 대책을 더욱 강화했다. 이를테면 원자로의 냉각 시스템에 다중성을 설정해 만에 하나 사고가 일어나도 노심의 냉각을 확보할 수 있는 설계를 적용한다. 후쿠시마 제1원자력 발전소 사고의 교훈을 살려서 쓰나미나 지진 등의 자연재해에 대한 내진성과 방수성도 높이고 있다. 또한 원자로 바로 위에 거대한 수조를 설치해 사고가 났을 때 수조의 물을 낙하시켜 노심을 냉각하는 '수동적 안전 시스템'이라는 혁신적인 안전 대책도 검토되고 있다. 이것은 펌프의 능동적 기기에 의존하지 않고 자연의 힘인 중력을 이용해 원자로를 냉각하는 시스템으로 안전성 향상이 기대된다.

신소재의 활용도 원자력 발전의 안전성 향상에 공헌할 것으로 예상된다. 예를 들어 핵연료를 감싸는 피복관의 재료를 기존의 지르코늄 합금에서 탄화규소 등의 새로운 세라믹 재료로 대체하는 방안이 검토되고 있다. 탄화규소는 고온 강도와 내산화성이 뛰어나며 사고가 발생했을 때 물-지르코늄 반응으로 인한 수소 발생을 억제할 수 있다.

안전하고 깨끗한 미래의 원자력

연료 측면에서는 우라늄 대신 토륨을 이용하는 원자로의 개발이 진행되고 있다. 토륨은 우라늄보다 자연에 풍부하게 존재하며 핵분열 반응으로 생성되는 방사성 폐기물의 양도 적다. 토륨은 직접 핵분열을 일으키지 않고 중성자를 흡수해 우라늄-233으로 변환된 뒤에 핵분열을 일으킨다. 토륨 원자로는 과거에 실험로가 건설되어 수년 동안 안전하게 운전된 실적도 있다. 기술적인 과제는 남아 있지만 자원이 풍부하고 안전하며 핵확산의 위험이 적어 미래 원자력 발전의 선택지로 기대를 모으고 있다.

다음으로 소개할 것은 '고속 증식로'[22]다. 고속 증식로는 '연료가 증식한다'라는 획기적인 특징을 지닌 원자로다. 플루토늄-239를 연료로 사용하며 핵분열 반응으로 발생하는 고속 중성자를 이용해 연료가되지 않는 우라늄-238을 플루토늄-239로 변환한다. 이렇게 해서연료를 소비하는 동시에 생성함으로써 우라늄 자원을 효과적으로 활용한다.[23] 고속 증식로에는 고속 중성자가 필요하므로 중성자를 감속

---

22 후쿠이현에 있는 실험용 고속 증식로 '몬주'는 1994년에 처음으로 임계(핵분열 연쇄 반응이 지속되는 상태)에 도달했다. 그러나 1995년의 나트륨 누출 사고 이후 운전이 정지될 때가 많아 2016년에 폐지되었다.
23 다만 고속 증식로는 플루토늄을 생성하기 때문에 핵확산의 위험이 따른다.

시키지 않기 위해 냉각재로 물이 아니라 액체 나트륨[24]이나 헬륨 가스 등을 사용한다. 러시아가 이미 고속 증식로의 상업 운전에 성공했으며 앞으로의 기술 발전에 관심이 집중되고 있다.

마지막으로 소개할 것은 '핵융합로'다. 핵융합로는 태양과 같은 방식으로 에너지를 만드는 발전 시스템으로, 가벼운 원자핵(중수소나 삼중수소 같은 수소의 동위 원소)을 붙여서 더 무거운 원자핵으로 만들어 대량의 에너지를 방출한다. 핵융합로에서는 중수소나 삼중수소라는 특별한 수소를 초고온으로 가열해 플라스마 상태로 만든다.

플라스마는 원자가 전자와 원자핵으로 나뉜 상태이며 매우 높은 온도에서만 존재한다. 이 플라스마 속에서 원자의 핵과 핵이 붙음으로써 핵융합이 일어나 에너지가 방출된다. 핵융합 반응은 방사성 폐기물의 발생량이 매우 적고 연료가 되는 중수소를 바닷물에서 풍부하게 얻을 수 있기에 높은 안전성과 환경 적합성을 겸비한다. 그러나 핵융합로를 실현하기 위해서는 플라스마의 고온·고밀도 안정성이나 높은 중성자 다발을 견뎌낼 수 있는 구조 재료의 개발 등 수많은 기술적 과제를 해결해야 한다.[25]

차세대 원자력 발전에는 이런 다층적인 안전 대책과 혁신적인 기술을 도입해 '심층 방호'에 기초한 안전성 향상이 이뤄지고 있다.[26] 그

---

24 나트륨은 물과 반응하면 수소를 발생시켜 폭발한다.

25 2030년대 후반부터 2040년대에 걸쳐 원형로가 건설되고 2050년대 이후에는 원형로의 시험을 거쳐서 상업로가 실현될 것으로 기대된다.

러나 안전을 추구하는 일은 끝이 없는 과제다. 새로운 과학 지식과 기술이 발전함에 따라 계속해서 더 나은 안전성을 확보해야 한다. 원자력 발전의 안전성을 높이는 일은 국민의 신뢰를 얻기 위해서도 꼭 필요하므로 관계자가 하나가 되어서 노력해야 할 중요한 과제다.

---

26 심층 방호란 다층적인 대책을 통해 원자력 시설의 안전을 확보한다는 발상이다. 비정상적 운전의 방지부터 방사성 물질의 방출 완화까지 5단계의 방호 체계가 연계되어 한 단계가 작동하지 않더라도 다른 단계가 안전을 보장한다. 이 시스템은 인간과 환경을 방사선의 위험으로부터 보호하기 위해 필요하며, 후쿠시마의 사고 이후 안전 기준이 강화되었다.

전력은 어디에 사용될까? 난방과 조명에도 전력이 사용되지만 가장 중요하게는 기계(동력)와 정보 처리 장치를 움직이는 데 사용한다. 전력이 동력을 공급하고 정보를 처리하는 데 필요한 에너지가 바로 자석의 힘, 즉 자기다. 차세대 문명을 구축할 열쇠는 더욱 강력하고 안정적인 자석의 개발에 달렸다고 할 수 있다.

현대의 자석은 희토류 원소가 그 역할을 담당하고 있는데 현재 새로운 주역으로 탄소가 주목받고 있다. 탄소는 도체, 초전도체, 자성체 같은 기존의 이미지와는 다른 분야에서 능력을 발휘하기 시작했다. 바야흐로 '탄소기 시대'의 막이 오른 것이다.

제12장

자석

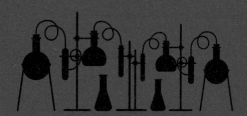

전자석의 비밀

최근 100년 사이 우리의 생활은 비약적으로 변화했으며, 특히 전기 에너지의 이용은 놀라울 정도로 발전했다. 기계부터 최신 컴퓨터에 이르기까지 전기는 우리 생활에 없어서는 안 될 존재가 되었다. 대부분의 전력 기기에는 자석의 힘인 자성이 사용된다. 발전기, 모터, 스피커, 하드디스크 등 우리 주변의 기술은 자성 없이는 제대로 가능할 수 없다.

고대부터 산업 혁명까지, 자석의 발견과 발전

자석은 언제 발견했을까? 그 시점은 고대로 거슬러 올라간다. 약 3000~5000년 전 사람들은 천연 자철석에서 철을 끌어당기는 성질을 발견했다.[1] 중국에서는 춘추 전국 시대(기원전 700~200년경)에 자석을 사용한 나침반이 발명되었으며 서양보다 훨씬 빠르게 실용화되었다. 자석이 지닌 자기장의 성질을 이용한 나침반은 항해자에게 정확한 방위를 알려줘 대항해 시대를 개척하는 중요한 역할을 담당했다.

그 후 자석의 과학은 주로 유럽에서 발전했다. 18세기 중반의 산업 혁명기에 들어서자 전자기학의 기초가 확립되었다. 1820년 덴마크 물리학자인 한스 크리스티안 외르스테드Hans Christian Ørsted는 전류 주위에 자기장이 존재하는 것을 발견해 전자기학의 기초를 쌓았다. 1823년에 영국의 윌리엄 스터전William Sturgeon이 전자석을 발명했고, 1831년에 마이클 패러데이Michael Faraday가 전자기 유도 법칙을 발견했다. 그 결과 모터와 발전기 등의 전력 기기가 속속 개발되어 공업화가 가속되었다. 자석의 응용이 근대화의 원동력이 된 것이다.

영구 자석과 전자석의 차이

자석에는 크게 '영구 자석'과 '전자석'의 두 종류가 있다. 영구 자석은 일단 자기화되면 외부에서 에너지를 주지 않아도 자력을 유지하며 세기가 일정하다. 한편 전자석은 코일에 전류를 흘려보낼 때만 자석의 성질을 보인다.

---

1 자철석은 천연 자석이며 화학적으로는 철의 화합물이다. 벼락으로 인한 강력한 자기장의 영향으로 자성이 발생해 옛날부터 나침반 바늘로 이용되었다. 지구가 만들어 내는 자기장을 연구할 때도 중요한 존재이며 파워 스톤(초자연적인 힘이 있다고 믿어지는 광물)으로도 인기가 있다.

전자석의 원리는 전류 주위에 자기장이 발생한다는 전자기학의 법칙에 기반을 둔다. 코일에 전류가 흐르면 코일 주변에 자기장이 생기고, 코일의 중심에 있는 철심이 자기화되어 자석이 된다.[2] 전자석의 자기력은 코일을 감은 수와 전류의 크기에 비례한다. 따라서 강력한 전자석을 만들려면 코일을 감는 횟수를 늘리거나 큰 전류를 흘려보내면 된다.[3]

전자석의 이점은 전류의 온오프를 통해 자기력을 자유자재로 제어할 수 있다는 것이다. 이 점을 이용해 크레인으로 철판을 들어 올리거나 하드디스크에 정보를 기록 및 소거하는 작업을 스위치 하나로 손쉽게 할 수 있다. 또한 전자석은 리니어 모터카의 추진, 입자 가속기의 제어, MRI 장치의 영상 촬영 등 과학 기술의 다양한 분야에서 중요한 역할을 맡고 있다.

자석의 성질과 희토류

자석에 잡아당겨지는 신비한 힘을 느낀 적이 있을 것이다. 자석의 힘은 전기를 띤 작은 입자인 '전자'의 움직임에서 만들어진다.

---

2 이때 전류 방향과 자기력선 방향의 관계는 '플레밍의 왼손 법칙'이나 '앙페르의 오른나사 법칙'으로 알려져 있다.
3 다만 전류가 커지면 코일의 저항에 따른 열이 발생해 냉각이 필요하므로 전류 세기에 한계가 있다.

전자와 자석의 관계

전자는 스스로 회전하는 성질(스핀)을 가지고 있으며, 이 스핀을 통해서 작은 자석처럼 행동한다. 즉, 전자는 N극과 S극을 갖고 있어서 다른 자석을 끌어당기거나 밀어낸다. 대부분의 원자는 위를 향하는 스핀을 가진 전자와 아래를 향하는 스핀을 가진 전자가 쌍을 이루고 있어 자석의 힘을 상쇄한다. 쌍을 이루고 있지 않은 전자(홀전자)를 가진 원자는 자석과 같은 성질을 나타낸다.

산소 분자는 홀전자를 가진 대표적인 예다. 산소 분자는 두 개의 산소 원자로 구성되어 있고, 분자는 두 개의 홀전자를 갖고 있다. 그런 까닭에 액체 산소는 자석에 끌리는 성질이 있지만, 평소에 자석에 끌리는 현상이 일어나지 않는 이유는 자석의 힘이 약하며 산소 분자가 활발하게 움직이고 있기 때문이다.[4]

자석의 진화와 희토류의 역할

18세기 산업 혁명을 추진한 것은 기계, 증기 기관, 화석 연료의 이용이었다. 그러나 19세기가 되자 에너지원이 전기 에너지로 넘어갔다. 화석 연료의 에너지는 전기 에너지로 변환되었고 전기 에너지는 모터, 스피커, 전화 등 자석을 이용한 기기에 사용되었다. 이와 함께 자석의 소형화와 고성능화가 요구되었고 휴대폰과 스마트폰의 보급

---

4 산소를 냉각해서 액체로 만든 액체 산소를 사용하면 자석에 끌리는 모습을 관찰할 수 있다.

이 이러한 추세를 더욱 가속화했다.

기기의 소형화는 '희토류 자석'이라는 작고 강한 영구 자석의 등장으로 발전했다. 희토류 원소는 주기율표 제3족의 란타넘족lanthanide이라고 불리는 15종의 원소와 스칸듐scandium, 이트륨yttrium을 합친 17종 원소의 총칭이다.[5] 희토류 자석은 네오디뮴neo-dymium, 사마륨samarium, 디스프로슘dysprosium 등의 희토류 원소를 사용해서 만든다.[6] 이 자석은 하이브리드 자동차와 전기 자동차의 모터, 풍력 발전기, 하드디스크 드라이브, 스마트폰 등 현대 사회 필수품에 사용된다.

지정학적 리스크와 미래의 금속

세계 희토류 생산의 약 80퍼센트는 중국이 담당하는 것으로 추정된다.[7] 그래서 중국의 정책에 따라 희토류의 공급이 불안정해질 위험이 있다. 이로 인해 각국은 지정학적 리스크에 대비해 희토류의 안정적 확보와 대체 재료의 개발에 힘쓰고 있다.

---

5   희토류에는 우수한 자기성, 촉매 특성, 높은 발광성, 열 안정성, 특수한 합금 특성 등 독특한 과학적 물리적 특성이 있다. 발광성은 LED나 디스플레이, 촉매 특성은 배기가스 정화 장치, 열 안정성은 고온 초전도체나 항공 우주 산업에 활용되는 등 용도가 매우 폭넓다.

6   네오디뮴 자석은 네오디뮴, 철, 붕소가 주성분인 자석으로 자기력이 매우 강력하다. 또한 네오디뮴 자석에는 디스프로슘이나 터븀을 첨가해 내열성을 높일 수 있다. 사마륨 코발트 자석은 사마륨과 코발트가 주성분인 자석으로 네오디뮴 자석에 비해 고온에서 성질이 우수하다.

7   중국은 희토류의 채굴부터 정련, 합금화, 자석 제조에 이르기까지 전부 자국 내에서 완결하는 체제를 구축했으며, 이에 따라 국제 시장에서 가격 경쟁력을 가진다.

최근에는 '비결정성 금속'이라는 것이 주목받고 있다. 비결정성 금속은 원자의 배열이 불규칙한 유리 같은 구조를 가진 금속이다. 일반적인 금속은 원자가 규칙적으로 나열되는 결정 구조를 지녔지만, 비결정성 금속은 규칙성이 없고 원자가 무작위로 배치되어 있다. 본래 결정 구조를 가진 일반적인 금속은 원자 배열의 흐트러짐(격자 결함)에 따라 강도나 내구성이 저하된다. 비결정성 금속에는 격자 결함이 존재하지 않으므로 안정적이고 강력한 자력과 높은 강도, 내식성, 내마모성 같은 우수한 성질을 가진다.

비결정성 금속을 만들기 위해서는 용융 상태(물질이 고체에서 액체로 변하는 상태)의 금속을 급속히 냉각하는 특수한 기술이 필요하다. 그런 까닭에 대형 제품을 만들기는 어려우며 제조 비용도 비싼 경향이 있다. 최근에는 제조 기술이 발전해 박막이나 분말 상태의 비결정성 금속뿐만 아니라 벌크 형태(덩어리 형태)의 비결정성 금속도 제조할 수 있게 되었다.[8]

비결정성 금속은 스마트폰이나 개인용 컴퓨터 같은 전자 기기의 부품, 의료 기기, 고효율 변압기, 고강도 구조 재료 등 폭넓은 분야에서 이용이 예상된다. 이와 같이 비결정성 금속의 연구와 개발은 희토류의 사용량 절감과 지정학적 리스크의 경감의 관점에서도 지속 가능한 사회의 실현을 위해 중요하다.

8　일본에서는 히타치 제작소가 비결정성 금속의 응용 연구와 실용화를 선도하고 있다.

꿈의 초전도 자석

초전도 자석은 20세기에 발견된 새로운 금속 상태인 '초전도 상태'를 이용해 만든 자석이다. 물질은 온도에 따라 다른 상태를 띤다. 가령 물은 저온에서 고체인 얼음이 되고, 상온에서는 액체인 물이 되며, 고온에서는 기체인 수증기가 된다. 이처럼 물질의 분자 구조는 변하지 않아도 물성은 크게 변화한다. 이 현상을 '상태'라고 부른다. 초전도 상태는 저온의 금속이 나타내는 특별한 상태다.

초전도 상태란?

일반적으로 전자가 금속의 내부를 이동할 때는 전기 저항이 발생해 발열이 일어난다. 금속은 저온이 될수록 전기 저항이 작아지며, 어떤 온도(임계 온도) 이하에서는 전기 저항이 0이 된다. 이 상태를 '초전도 상태'라고 부른다. 초전도 상태에서는 전류가 아무리 흘러도 열이 발생하지 않으므로 에너지 손실이 없는데, 이 특성을 이용해 강력한 자석을 만들 수 있다.

초전도 자석의 특성

초전도 상태에 있는 전자석을 '초전도 자석'이라고 한다. 이 자석은 열이 발생하지 않으므로 커다란 전류를 흘러서 매우 강력한 자기력을 얻을 수 있다. 문제는 임계 온도다. 현재 코일로 사용할 수 있 금속의 임계 온도는 약 10켈빈(K, −263도) 정도다. 물질 임계 온도의 최고치는 150켈빈이 넘지만 이런 것들은 세라믹이어서 코일로 사용할 수 없다. 그런 까닭에 냉매로서 액체 헬륨이 필요하다. 헬륨은 일본에서는 산출되지 않으며 공기 속에 미량 들어 있을 뿐이다. 그래서 액체 헬륨의 조달에 큰 비용이 발생한다. 철 계열 합금으로 임계 온도를 액체 질소 온도(77켈빈, −196도)까지 끌어올릴 수 있다면 가장 이상적이지만 아직 실용화에는 이르지 못하고 있다.

최근 중국의 연구팀에서 철 계열 합금의 연구를 진행하고 있다는 보고가 있다. 일본의 모 대학교 연구팀에서도 철 계열 합금을 술에 넣고 끓이는 독특한 방법으로 초전도 상태를 실현했다는 보고가 있다. 양조주에 들어 있는 유기산이 어떠한 영향을 끼쳤을 것으로 예상되어 향후 연구에 기대가 쏠리고 있다.

미래를 바꿀 자석의 힘

자석이 지닌 힘은 자성체를 끌어당기는 힘(자기력), 자기력선의 방향(자기장), 자기극의 방향을 바꾸는 데 필요한 에너지라는 세 가지 측면에서 파악할 수 있다. 인류는 앞으로도 자석의 성질을 이용해 다양한 기술을 만들어 사회를 발전시켜 나갈 것이다.

고성능 모터에서 차세대 메모리까지

현대 사회에서도 자석의 진화는 멈출 기미가 없다. 최근에 개발된 네오디뮴 자석은 기존의 자석보다 훨씬 강력한 자력을 지녀 소형화 및 경량화를 가능케 했다. 이에 따라 전기 자동차, 드론, 로봇 등 다양한 분야에서 고성능 모터의 개발이 진행되고 있다.

자기 기록 기술도 진화를 거듭하고 있다. 하드디스크 드라이브의 기록 밀도는 매년 상승하고 있으며, 가까운 미래에는 1세제곱인치당 10테라비트가 넘는 초고밀도 기록이 가능해질 것으로 예상된다. 여기에 자기저항 메모리MRAM라고 부르는 새로운 유형의 메모리는 고속, 저소비 전력, 불휘발성 같은 특징을 가져 차세대 컴퓨터 메모리로 기대를 모으고 있다. 자기저항 메모리의 진화는 AI의 개발에 없어서는 안 될 GPU(영상 처리 장치)[9]의 성능 향상으로도 이어질 것으로 생각된다.

의료 발전과 에너지 문제 해결의 열쇠

자석은 의료 분야에도 혁신적인 발전을 불러왔다. 가령 MRI는 강력한 자기장과 전파를 이용해 몸속의 수소 원자핵의 분포를 영상화하는 기술이다. 프로톤은 자기장 속에서 특정 주파수의 전파를 흡수해 고에너지 상태(들뜬 상태)로 이행한다. 이 들뜬 상태에서 본래의 상태(바닥 상태)로 돌아갈 때 방출되는 신호를 검출하면 몸속의 상세한 정

---

9   GPU는 주로 영상 처리와 3D 그래픽의 렌더링에 특화된 프로세서다. 고성능의 계산 능력과 우수한 병렬 연산 성능으로 최근에는 AI, 기계 학습, 과학 계산 등 폭넓은 분야에서 이용되고 있다. GPU는 다수의 코어를 탑재해 대량의 데이터를 동시에 처리할 수 있으므로 방대한 계산이 필요한 처리에 적합하다.

보를 영상화할 수 있다. 초전도 자석을 사용한 MRI는 기존의 자석보다 강력한 자기장을 발생시켜 더욱 고해상도의 영상을 촬영해 질병의 조기 발견과 정확한 진단에 기여하고 있다.[10]

자석의 특성을 활용한 새로운 치료법도 개발되고 있다. '자기 온열 치료법'은 자성체 나노 입자를 종양 조직에 집중하고 외부로부터 교류 자기장을 가해 나노 입자를 발열시켜 암세포를 죽인다. 또한 자기 자극 요법은 뇌에 자기 자극을 주는 치료법으로 우울증이나 파킨슨병 등의 치료에 효과가 기대된다.

자석의 장대한 응용 중 하나는 핵융합로다. 핵융합 반응에 필요한 초고온의 플라스마를 가두기 위해서는 초전도 자석의 강력한 자기장이 필요하다. 핵융합로의 실현은 화석 연료 사용으로 인한 지구 온난화와 인류의 에너지 문제를 근본적으로 해결할 열쇠가 되는 만큼 전 세계에서 연구 개발이 진행 중이다.

자석이 개척하는 미래

지금까지 살펴봤듯이 자석은 오래전부터 인류와 함께하며 우리 삶의 기반이 되었다. 그리고 앞으로도 에너지, 의료, 정보 기술 등의 다양한 분야에서 진화를 거듭하며 지속 가능한 사회의 실현에 공헌할

---

10 최근에는 MRI 기술이 더욱 진화해 기능적 MRI(fMRI)와 확산강조 MRI(DWI) 등 다양한 검사법이 개발되었다. fMRI는 뇌 활동에 따른 혈류 변화를 영상화하여 뇌 기능을 연구하는 데 도움이 되며, DWI는 물 분자의 확산 정도를 영상화하여 뇌경색이나 종양 진단에 이용된다.

것이다.

최근 들어서 급속히 발전하고 있는 AI 기술은 자석의 새로운 가능성을 개척하고 있다. AI의 학습에는 방대한 계산 능력이 필요한데, 계산을 담당하는 GPU에는 고성능의 자석이 필수다. 자석의 성능 향상은 AI의 처리 능력 향상으로 직결되어 자동 운전, 의료 진단, 신약 개발 등 다양한 분야에서 AI의 활용을 가속할 것이다.

초전도 기술의 발전도 자석의 응용 범위를 크게 넓히고 있다. 초전도 자석은 리니어 모터카나 핵융합로뿐 아니라 양자 컴퓨터[11]나 전력 저장 시스템[12] 등 미래의 기술에 없어서는 안 될 존재가 되고 있다. 초전도 기술과 AI 기술의 융합은 전에 없던 혁신적인 기술로 우리 삶을 더 윤택하게 만들 것이다.

지구는 거대한 천연 자석

지구는 북극과 남극을 가진 하나의 거대한 자석이다. 지구의 자기극은 지도상의 북극·남극과 거의 일치하지만 완전히 일치하는 것은

---

11 양자 역학의 원리를 이용한 새로운 유형의 컴퓨터다. 기존의 컴퓨터가 0 또는 1중 하나의 상태밖에 다루지 못했던 데 비해 양자 컴퓨터는 한 번에 복수의 계산을 할 수 있다. 이에 따라 기존 컴퓨터의 처리 능력을 크게 능가할 것으로 기대된다.

12 발전을 통해서 얻은 전력을 일시적으로 저장했다가 필요할 때 공급하는 시스템이다. 초전도 코일에 전류를 흘려보내서 자기장 에너지의 형태로 전력을 저장하는 방식으로, 재생 가능 에너지의 출력 변동에 대응하거나 전력 계통의 안정화에 활용될 수 있다.

아니며, 자기극의 위치는 수년에서 수백 년 단위로 변한다는 사실이 밝혀졌다. 정확한 원인은 알 수 없지만 지구 내부에 있는 외핵의 대류 운동이나 내핵의 회전이 영향을 줄 가능성이 있다.[13] 고대 중국에서 사용된 '지남거'(방향을 찾는 최초의 기계 장치)에서 현대의 나침반에 이르기까지 자석을 사용해 방위를 확인할 수 있었던 이유는 지구가 거대한 자석이기 때문이다.

오로라를 만드는 에너지

태양은 거대한 수소 원자 덩어리로 핵융합 반응을 통해 수소 원자가 헬륨 원자로 변할 때 방대한 에너지를 방출한다. 즉, 태양은 끊임없이 폭발하는 거대한 수소 폭탄 같은 존재다. 지구의 자기장이 우주 공간에 미치는 범위를 지구 자기권이라고 부르며, 태양이나 우주 공간에서 찾아오는 플라스마를 막는 보호막 역할을 한다.

태양의 폭발 결과로 생겨난 전자나 양성자 등의 전하 입자가 '태양풍'으로 지구에 날아온다. 태양풍의 입자는 지구의 북극이나 남극에 끌어당겨지고, 대기 속의 질소나 산소의 원자·분자와 충돌한다. 이 충돌로 대기 입자가 고에너지 상태(들뜬 상태)로 변하는데, 들뜬 상태는 불안정하기 때문에 여분의 에너지를 빛의 형태로 방출해 본래의 상태

---

13 지구의 내부에는 철이나 니켈 등의 금속이 녹아 액체 상태로 존재하는 외핵이 있다. 외핵 속의 용융 금속이 움직여 전류가 생성되고(대류 운동), 이것이 지구 전체의 자기장을 만든다. 또한 내핵의 회전도 외핵의 운동에 영향을 끼칠 수 있으며, 회전 속도나 방향 변화가 자기장의 세기나 방향을 바꾸는 요인 중 하나로 여겨진다.

(바닥 상태)로 돌아가려고 한다. 이 빛이 바로 우리가 보는 오로라다.

오로라의 색과 형태는 충돌하는 전하 입자의 에너지, 대기 입자의 종류와 농도, 들뜬 상태의 에너지 등에 따라 복잡하게 변화한다. 또한 태양의 폭발 강도는 약 11년 주기로 변동하기 때문에 태양 활동이 활발한 시기에는 오로라도 강해진다.

태양의 폭발, 지구를 뒤흔든다

태양의 활동이 활발해져 태양 표면에서 대규모 폭발인 '플레어'flare 가 발생하면 방출된 입자가 지구상에 자기 폭풍을 일으켜 강렬한 오로라가 관측된다. 이외에도 플레어는 현대 사회에 여러 가지 영향을 미친다. 전자 기기와 통신 시스템은 자기의 영향에 취약해 고장이나 오작동이 발생할 수 있다. 특히 통신 장애가 일어나면 인터넷을 기반으로 하는 현대 사회에 큰 혼란이 발생한다.[14] 발전소나 송전망이 자기 폭풍의 영향을 받아 대규모 정전이 발생하면 교통 기관, 의료 기관, 금융 시스템 등 전력에 의존하는 중요한 사회 인프라가 기능을 못하게 될 위험도 있다.

그뿐만이 아니다. 지구는 거대한 자석이지만 이 자석도 영원히 지속되지는 않는다. 과거에는 지구 자기장의 역전 현상이 여러 차례 일

---

14 정보 통신 연구 기구(NICT)는 태양 플레어의 발생을 예측하는 정보를 제공한다. 이 예보는 태양 표면의 흑점 관측, 전파 강도 측정, 위성 데이터 등을 바탕으로 플레어의 발생 확률과 규모, 지구 도달 시간을 예측한다. 이를 참고해 항공 회사는 극역 비행경로를 변경하고 전력 회사는 송전망의 조정 등 플레어 피해를 줄이기 위한 대책을 세울 수 있다.

어났으며, 이때 일정 기간 자기장이 약해졌다. 지구 내부에 있는 핵의 활동 변화나 소행성 충돌 등으로 인해 지구의 자기장이 크게 변동할 가능성도 있다. 자기장이 약해지면 태양풍이나 우주 입자로부터 지구를 보호하는 보호막이 약해져 지구상의 생명체에 영향을 끼칠 수 있다.

그러므로 현대 사회가 태양 활동의 영향에 취약하다는 사실을 인식하고 대책을 마련해야 한다. 전자 기기나 통신 시스템의 내성을 높이고 백업 체제를 정비하는 등의 준비가 필요하다. 또한 태양 활동의 감시와 예측 기술을 높여 조기 경계 체제를 확립해야 한다.

자기장의 소멸과 문명의 붕괴

지구의 자기장은 태양 활동과 지구 내부의 활동 등 여러 요인에 따라 변화하며 나아가 소멸될 가능성도 있다. 핵무기의 사용도 자기장 변화에 영향을 준다. 핵폭발로 인해 발생하는 강력한 전자기 펄스EMP는 넓은 범위의 전자 기기를 파괴해 사회 인프라를 마비시킨다. 전자기 펄스는 핵폭발 등으로 발생하는 순간적인 전자기파로, 그 에너지는 전자 기기의 회로를 태워 버릴 만큼 강력하다.[15]

만약 지구의 자기장이 완전히 소실된다면 자기 기록은 소멸하고 전자 기기는 사용 불가능한 상태가 될 것이며, 그 결과 현대 문명은 이루 헤아릴 수 없는 타격을 입을 것이다. 지구의 자기장은 태양풍이나 우주 입자로부터 지구를 지키는 보호막이므로 지구의 자기장이 없어지면 지구상의 생명체에도 심각한 영향을 미친다.

지구의 자기장이라는 눈에 보이지 않는 힘이 현대 문명에 절대적인 역할을 한다는 사실을 잊어서는 안 된다. 자기장의 소실을 SF 속 이야기가 아니라 현실적인 위협으로 인식해야 한다. 1000년 후 사람들이 우리의 문명을 '자기장을 잃어 멸망한 문명'으로 회고하는 일이 없기를 바란다.

---

15 핵폭발과 같은 원리로 강력한 전자기 펄스를 발생시켜 전자 기기를 파괴하는 장치로 전자기 펄스(EMP) 폭탄이 있다. 방사성 물질이 발생하지 않아 '깨끗한 핵무기'로 불리지만 사회 기능 전체를 마비시키는 막대한 피해를 줄 수 있다.

- 《알아두면 쓸모 있는 식품과학 이야기》食品の科学」が一冊でまるごとわかる 사이토 가쓰히로 지음, 이진원 옮김, 시그마북스, 2024.
- 《하루 한 권, 탄소―'원소의 왕' 탄소가 꿈꾸는 무한한 가능성의 세계》炭素はすごい なぜ炭素は「元素の王様」といわれるのか 사이토 가쓰히로 지음, 드루, 2023.
- 《日本刀―技と美の科学》齋藤勝裕著, 秀和システム, 2020.
- 《脱炭素時代を生き抜くための「エネルギー」入門》齋藤勝裕著, 実務教育出版, 2021.
- 《図解 身近にあふれる「栄養素」が3時間でわかる本》齋藤勝裕著, 明日香出版社, 2021.
- 《セラミックス―驚異の世界》齋藤勝裕著, C&R研究所, 2021.
- 《世界を大きく変えた20のワクチン》齋藤勝裕著, 秀和システム, 2021.
- 《よくわかる 最新 高分子化学の基本と仕組み》齋藤勝裕著, 秀和システム, 2021.
- 《ビジュアル「毒」図鑑 250種》齋藤勝裕著, 秀和システム, 2023.
- 《한 권으로 이해하는 독과 약의 과학》「毒と薬」のことが一冊でまるごとわかる 사이토 가쓰히로 지음, 정한뉘 옮김, 시그마북스, 2023.
- 《교양으로 읽는 원자력 상식》「原子力」のことが一冊でまるごとわかる 사이토 가쓰히로 지음, 이진원 옮김, 시그마북스, 2024.